Introduction to
Global
Business

入門

グローバル ビジネス

吉沢正広 編

学文社

■ **執筆者一覧**（執筆順）

＊吉沢　正広	嘉悦大学教授	（第1章，第14章）
山内　昌斗	広島経済大学専任講師	（第1章，第2章，第13章）
関谷　次博	中京学院大学専任講師	（第3章，第8章）
須栗　　大	中京学院大学専任講師	（第4章，第10章）
手嶋　慎介	高田短期大学専任講師	（第5章，第6章）
有村信一郎	中京学院大学専任講師	（第7章，第9章）
橋本　俊也	税理士・愛知学院大学経営学部講師	（第11章，第12章）

（＊編者）

―― まえがき ――

　本書は，大学の経営学部などで国際経営やグローバル経営および経営学全般についてこれから本格的に学ぼうとしている学生や実務社会に入り，再びそれらの基礎を学びたいと思っている社会人を対象に書かれている．近年のIT技術の飛躍的な進歩を背景にした情報通信網の発達は，世界の人びとにリアルタイムで世界のいたるところで発生する出来事を伝えることを可能にしてきた．世界の人びとが情報を共有することができる，まさしくグローバル化の時代を迎えた．本書はこうしたグローバル化の時代に認識すべき「企業経営」，「戦略」，「人的資源管理」，「企業立地」，「国際財務」，「NPO組織」，「新興市場の出現」，などについて基礎的な知識を提供することを意図した基本書あるいは入門書である．

　本書は，大学の教員あるいは実務者として活躍している執筆者が各章を担当している．各執筆者には，本書の読者にグローバル化する時代についての基本的・標準的な入門書として，最小限理解していただきたいと願う内容の執筆を依頼した．本書の特色は，理論や学説の説明を記述すると同時に，各章にケースを載せ，そのケースを通じて理論や学説をさらに理解しやすいように工夫したことである．ケースは執筆者の意向により，本文中に，あるいは本文末に掲載した．読者に大いにご活用いただければ幸いである．

　その他，本書の特色を列記すれば，以下のようである．
　1．教科書などにご利用いただくことを考慮して，各章を10ページ前後にまとめ利用しやすいようにした．
　2．各章のはじめに，概要を「学習のねらい」として載せ，前もって内容が把握できるようにした．

本書は，全部で14章の構成となっている．
　第1章では，導入部分としてグローバル・ビジネスの学習の意義，グロー

バル市場の出現の背景が説明される．第2章は，戦前・戦後そして現代へと至るグローバル経営の変遷について説明される．第3章では，現在の日本のグローバル企業の創業者あるいはその基礎を築いた企業家を紹介している．第4章ではグローバル企業の戦略について，第5章ではグローバル企業の組織について，第6章では経営資源の中でもっとも重要とされるヒトの問題について，第7章は企業継続の条件となるイノベーションについて，第8章では流通問題，第9章はクラスターや産業構造を含めた企業立地について，第10章はIT技術が企業経営に及ぼす影響について，第11章は国際会計について，第12章は近年定着したNPO組織について，第13章は国内企業のグローバル化のプロセスについて，第14章は日本に進出した外国企業（戦前・戦後）について分析している．以上が簡単な各章の紹介である．すでに述べたところであるが，本書の各執筆者はそれぞれの研究分野で活躍され，今後より一層の発展が期待される諸氏である．本書の読者のご批判や叱咤激励が今後の研究の大切な糧となると確信する．

　最後に本書を作成するに当たり強力なお力添えをいただいた埼玉学園大学岩崎功教授にお礼申し上げたい．同教授の後押しがなかったら本書は遂に日の目を見ないでいたかもしれない．また広島経済大学の山内昌斗専任講師には，本書の企画，立案時から細部にわたりきめ細かな準備作業に労を惜しまず献身的にご協力いただいた．本書の作成が円滑に進んだのは同講師のお陰である．感謝したい．最後に，本書を刊行するに当たり，昨今出版事情が厳しさを増す中で執筆者の希望をお聞き入れいただき，細部に至るまでご配慮をいただき，本書出版の実現に繋げていただいた学文社田中千津子社長にお礼申し上げたい．同社長のご支援があったればこそ，本書の出版が実現できたことを記し，深謝の微意としたい．

平成18年9月

執筆者を代表して　吉沢　正広

目　次

第1章　グローバル経済の衝撃　1

第1節　グローバル・ビジネスの現状とその意義　2

(1) グローバル市場の出現と企業　2／(2) グローバル市場の動向と日本　3
(3) グローバル・ビジネスの重要性　5

第2節　グローバル・ビジネスの領域　6

(1) 国内経営との違い　6／(2) グローバル・ビジネスのプロセス　8

第2章　グローバル企業の歴史　14

第1節　グローバル経済の形成と企業　15

(1) グローバル・ビジネスの展開　15／(2) グローバル経済の変動　16

第2節　初期のグローバル経済　17

(1) イギリス経済の隆盛　17／(2) イギリス企業のグローバル・ビジネス　17

第3節　新たなグローバル経済への動向　19

(1) アメリカ経済の台頭　19／(2) アメリカ企業のグローバル・ビジネス　20
(3) 日本企業のグローバル・ビジネス　21

第4節　グローバル経済における大変動　22

(1) 冷戦の終焉と中国の台頭　22／(2) IT企業の勃興　23

第3章　グローバル企業をつくった企業家　27

第1節　本田宗一郎（本田技研工業）　28

第2節　盛田昭夫（ソニー）　30

第3節　安藤百福（日清食品）　33

第4節　まとめ　36

第4章　グローバル企業の戦略　39

第1節　はじめに　40

第2節　新しい経営組織戦略としてのモジュール化　40

(1) 市場の変化とダイナミックな取引費用　40 ／(2) モジュール化戦略　42 ／(3) モジュール・システムの戦略的意義　43

第3節　モジュール化戦略のケース・スタディ　46

(1) ソフトウェア開発におけるモジュール・システム　46／(2) Linux の開発の特徴　47／(3) Linux の生産コストとオープンソース開発　48／(4) Linux 開発におけるモジュール化戦略　49／(5) Linux におけるモジュール化戦略の成功　51

第4節　まとめ　53

第5章　グローバル企業の組織　55

第1節　組織研究の枠組み　56

第2節　組織の基本形態とグローバル企業　57

(1) 機能別組織（functionalized organization）　57／(2) 事業部制組織（divisionalized organization）　58／(3) マトリックス組織（matrix organization）　58

第3節　グローバル企業の最適組織を求めて　59

(1) 組織形態の長所と短所——グローバル企業の組織の変遷　59／(2) グローバル企業の組織の基本的問題　60／(3) 多国籍企業組織論　61／(4) マトリックス以後のグローバル組織モデル　62

第4節　まとめ　63

第6章　グローバル企業の人的資源管理　67

第1節　ヒトという経営資源と人的資源管理の枠組み　68

(1) ヒトという経営資源　68／(2) 人的資源管理の枠組み　68

第 2 節　日本型の人的資源管理とグローバル化　69

(1) グローバル企業の人的資源管理の基本的課題　69 /(2) 日本的経営の三種の神器　70 /(3) 日本型の人的資源管理の現在　71

第 3 節　グローバル企業の人的資源管理　72

(1) 人間尊重の理念とグローバル化　72 /(2) 終身雇用と実力主義の共存　73 /(3) グローバル人材育成と求められる人材像　74

第 7 章　グローバル企業のイノベーション戦略　78

第 1 節　イノベーションとは何か　79

第 2 節　グローバル時代のイノベーション　84

第 3 節　ケース・スタディ　86

第 8 章　グローバル時代の物流　91

第 1 節　グローバル化の進展と物流　92

(1) 国際複合輸送の進展　92 /(2) 日本の物流企業のグローバル化　92

第 2 節　日本の物流業の変容　93

(1) 異業種の競争から協調へ　93 /(2) 海外事業展開の移り変わり　94

第 3 節　中国における物流の変容　98

(1) 90年代の中国——日本通運の経験——　98 /(2) 佐川急便における中国での宅配便事業の取り組み　99

第 4 節　まとめ　101

第 9 章　グローバル時代の企業立地　104

第 1 節　企業立地とは何か　105

第 2 節　グローバル時代の企業立地　107

第 3 節　グローカル立地と産業集積　109

第 4 節　ケース・スタディ　111

第10章 グローバル企業とIT技術　117

第1節　はじめに　119

第2節　OSの役割とオープンソースの定義　119

(1) OSの役割　119 ／(2) オープンソースの定義　120

第3節　協調関係の発生とその継続性　121

(1) 協調関係の発生　121 ／(2) 協調関係の継続性　121

第4節　協調関係の発生と開発者の文化　122

(1) 初期のコンピュータ利用者　122 ／(2) AT&T版UNIXの登場　123
(3) BSD版UNIXの登場から分裂へ　123 ／(4) GNU GPLの役割　124

第5節　ネットワーク化とLinux開発者の協調的行動　125

(1) ネットワーク化が果たした役割　125 ／(2) ケース・スタディ：Linux開発者の協調行動の動機の合理的説明　128

第6節　まとめ　131

第11章 グローバル企業と財務報告基準　133

第1節　財務報告基準の必要性　134

第2節　国際財務報告基準の現状　135

(1) 国際財務報告基準（IFRS）　135 ／(2) 米国会計基準（US GAAP）　136

第3節　国際財務報告基準と米国会計基準との統合化　137

第4節　日本のグローバル企業の対応　138

第5節　ケース・スタディ（実例による決算書の読み方）　139

(1) 連結損益計算書　139 ／(2) 連結貸借対照表　141 ／(3) 連結株主持分計算書　144 ／(4) 連結キャッシュ・フロー計算書　145

第12章 グローバル時代のNPO　149

第1節　NPOの定義　150

第2節　各国NPOの類型　151

(1) 日本における NPO の類型　151 ／(2) アメリカにおける NPO の類型　152 ／(3) イギリスにおける NPO の類型　153

　第 3 節　NPO のアカウンタビリティ　154

　第 4 節　各国 NPO の情報公開　155

　　(1) 日本における NPO の情報公開　155 ／(2) アメリカにおける NPO の情報公開　158 ／(3) イギリスにおける NPO の情報公開　159

　第 5 節　ケース・スタディ　160

第13章　日本企業のグローバル化　164

　第 1 節　戦前のグローバル・ビジネス　165

　　(1) 初期のグローバル・ビジネス　165 ／(2) 工業発展とグローバル市場　165 ／(3) 戦時体制とグローバル・ビジネス　166

　第 2 節　グローバル・ビジネスの回復　167

　　(1) 廃墟の中からの再出発　167 ／(2) 国内から海外へのビジネス拡大　168 ／(3) 自動車産業のグローバル・ビジネス　169 ／(4) グローバル・ビジネスの拡大とバブル経済　170

　第 3 節　グローバル・ビジネスの再編と再挑戦　171

　　(1) 空白の10年　171 ／(2) 新興企業の台頭　173

第14章　外資系グローバル企業の日本進出　176

　第 1 節　明治から第 2 次世界大戦前まで　177

　第 2 節　第 2 次世界大戦後について　180

　第 3 節　非製造業外国資本の進出　183

　第 4 節　外国資本にとっての日本市場　184

　第 5 節　日本にとっての外資の意義　186

　第 6 節　今後の課題　187

索　引　191

第❶章　グローバル経済の衝撃

〈学習のねらい〉

　本章ではグローバル・ビジネスの重要性について検討する．今日，グローバル市場の誕生は，企業経営に大きなインパクトを与えている．企業の戦略，組織，マーケティング，研究開発，人事・労務管理，財務・会計など，あらゆる領域において，新たな経営の姿が求められている．以下，グローバル・ビジネスの現状を把握するとともに，グローバル・ビジネスを学ぶ上で必要となる基礎的な知識についてみていくことにしよう．

第1節　グローバル・ビジネスの現状とその意義

(1)　グローバル市場の出現と企業

　今日，国際経営，グローバル経営という用語やタイトルが多用され，それらを冠した著作が書籍売り場に溢れている．現在の企業経営をみる時，もはや国際化やグローバル化という言葉を避けて通ることはできない．企業のビジネス活動は国内ですべてが完結しているのではなく，海外との関わりの中で営まれているのである．

　グローバル・ビジネスへの関心が高まってきたのは，それほど古い話ではない．今から40年程前には，それほど頻繁に耳にする言葉ではなかった．しかし，特にここ10数年の間に，われわれはグローバルということを意識せざるを得ない状況となっている．なぜだろうか．その答えはグローバル市場が突如として出現したということにある．この大変動は，旧社会主義国（旧共産主義国）による市場経済への参入によって生じた（安室　1997）．

　戦後から1980年代末まで，世界経済は2つのタイプの国によって分断されていた．ひとつがアメリカを盟主とする資本主義国である．西ヨーロッパ諸国，日本などがこれに属した．もうひとつが，ソビエト連邦を盟主とする社会主義国（共産主義国）である．東ヨーロッパ諸国，中国などがこれに属した．それぞれの陣営では，陣営内の国ぐにで政治・軍事・経済的な結束を固めた（冷戦時代）．両陣営国間の交流は絶たれた状態にあった．

　しかし，やがて冷戦時代も終わりを迎えた．1990年の東西ドイツの統合，1991年のソビエト連邦の崩壊，1992年以降の中国における市場経済導入の本格化により，旧社会主義国（旧共産主義国）が突如として世界経済の舞台に現れ始めた．これらの国ぐには，半世紀近くに渡り維持してきた社会主義（共産主義国）時代の諸制度を捨て，市場経済の中で生きていくことを決意した．かつて対立していた両陣営国間での人的・物的な交流が開始され，相

互の繋がりを強めてきた．現在，世界の国ぐにはひとつの「グローバル市場」として統合されつつある．

(2) グローバル市場の動向と日本

　1990年代，バブル経済を謳歌した日本は，一転し「空白の10年」を迎えた．バブル経済崩壊により，企業は軒並み業績低迷に苦しんだ．経営者は自らの経営手法に自信を失った．日本企業の国際競争力の低下，円高による日本企業の海外進出の活発化とそれに伴う産業の空洞化，地方経済の地盤沈下，不良債権処理に伴う金融再編成，外国企業による日本企業のM&A（企業の合併・買収）の活発化など，日本企業をとり巻く環境はここ10年ほどで大きく変わった．

　日本企業が呻吟している中，近年目覚しい発展を遂げ，グローバル経済の舞台に登場してきたのが，ブラジル（Brazil），ロシア（Russia），インド（India），中国（China）の4カ国，いわゆるブリックス（BRICs）であった．とりわけ，中国の経済発展は日本に大きなインパクトを与えた．

　かつて中国において，経営者の役割は中央政府の計画によって分配される資金，生産設備，人員などの経営資源を用いて，与えられた目標を達成することであった．また，生産・分配といった機能のみならず，国に代わって社会福祉を提供することも役割のひとつであった．企業は従業員とその家族に対し，学校，体育館，病院などの公的サービスを提供するほか，衣食住を生涯に渡り保障した（安室　1999）．中国は，このような社会・経済体制を，およそ四半世紀に渡り維持してきた．

　しかし，やがて経済が疲弊すると，かつての計画経済に代わって市場経済が導入された．1978年から始まった改革開放政策は，天安門事件（1989年）によって一時的に中断するものの，1992年以降，再び推進されていった．中国の政治体制は依然として社会主義であることから，社会主義市場経済体制として特徴づけられる．企業は「国営」企業から「国有」企業へと名称を改

め，中央政府から経営者に権限が移譲されていった．

　この間，経営者は市場原理のもとで経営手腕を発揮していった．やがて，グローバル市場で躍進する企業も現れた．たとえば，家電メーカーのハイアール（海爾集団）は，国際ブランドを確立しつつある企業である．売上高は約6,000億円に達し，世界家電メーカーの中で第9位（8位東芝，10位日立）にランクされている（2000年時点）．また，電子レンジ・メーカーのギャランツ（格蘭仕）は1998年には生産台数が400万台に達し，世界最大の電子レンジ・メーカーとなった．世界市場シェアは約35％に達している（安室2003）．このほか，パソコン・メーカーのレノボ（聯想集団）は，2004年にIBMのパソコン事業部門を買収し，国際舞台に一挙に踊り出た．同社の世界市場シェアは，デル（Dell），ヒューレット・パッカード（Hewlett-Packard）に次ぐ世界第3位となっている．このように，グローバル市場における中国企業の攻勢が続いている．

　紆余曲折を経ながらも，中国経済は成長を遂げた．GDP（国内総生産）は1979年から2003年までの間に年平均9％の成長を維持した．図表1‐1は

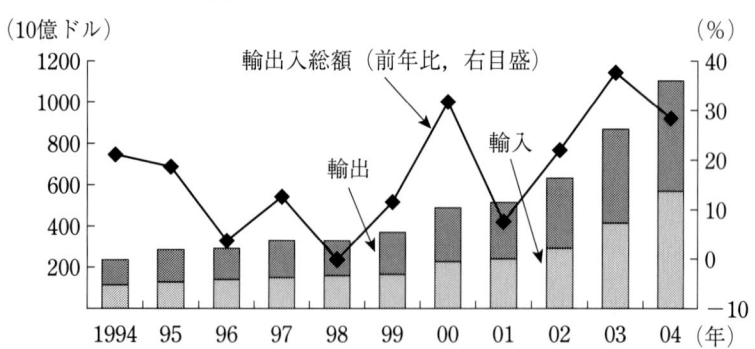

図表1‐1　中国の輸出入総額
輸出入総額は2004年に1兆ドルを突破

備考）中国海関統計より作成．
出所）内閣府政策統括官室『2005年春　世界経済の潮流』2005年

1994～2004年間の中国の輸出入総額の推移を示している．中国の輸出入総額は，2004年には1兆ドルを突破した．日本を追い抜き，アメリカ，ドイツに次ぐ世界第3位の規模となっている．いまや世界有数の貿易大国となっている．中国企業はドラスティックな変革を経て，グローバル経済の重要なプレイヤーとして存在を高めつつある．このような現実の中で，日本企業は種々の経営判断を迫られているのである．

(3) グローバル・ビジネスの重要性

新しい現実は，経営に携わる者にとって過去の延長線上にある「維持の経営」から脱し，「革新の経営」を求める強い圧力となっている．この要請に的確に応えられない企業の前途は，厳しいといわざるを得ない．

新しいグローバル市場の出現は，日本企業の海外進出，海外生産における従来の本国本社と海外子会社間の関係を変化させる契機となっている．それは日本という自国で産み出される優位性に立脚し，それを基盤にグローバル展開してきた海外戦略の再検討である．日本企業の国際競争力の重要な源泉と考えられてきた日本的経営という屋台骨が揺らぎ，国際競争力を衰退させているという指摘がそれである．つまり，本国中心主義的な考え（エスノセントリズム）の見直し，是正が課題となっている．

日本企業は，ますますグローバルなメガ・コンペティション（大競争）に晒されることになるだろう．日本企業が直面している問題は，これまでのグローバル・ビジネスの段階では経験していない領域である．かつて，日本企業の売上高に占める海外売上高の比率はそれほど高くはなかった．ところが，近年では以前とは比較にならないほど海外でのウェイトが大きくなっている．もはや過去の成功事例に倣う経営や過去の延長線上での経営では，解決されないさまざまな問題が生起する時代を迎えている．

こうした現実を踏まえ，本書は日本企業が抱える解決すべき問題に対して，いささかなりとも解決のヒントを提供できればと考えている．多くの先

達が営々として築き上げてきたグローバル・ビジネスに関する理論体系や学説を今一度振り返り，しっかりと認識し，我がものとし，そしてそれらを基盤にしてさらに独創的でイノベーティブなビジネスを設計していかなければならない．その点でグローバル・ビジネスを学ぶ意義や重要性はこの上なく高いものといえよう．

第2節　グローバル・ビジネスの領域

(1) 国内経営との違い

　グローバル市場において，国と国を結びつける重要な役割を担うもののひとつが企業である．企業は国境を越えてヒト，モノ，カネ，情報といった経営資源を移転させ，グローバルなレベルでこれら資源を活用し，自社の利益に結びつけている．こうしたグローバル・ビジネスの担い手である企業のことを多国籍企業ないしは，本書ではグローバル企業とよぶ．トヨタ，ソニー，松下，IBM，GMなどの名がそれら企業としてあげられる．こうしたグローバル企業の研究が，グローバル・ビジネスの主要なテーマとなっている．

　ではなぜ，国内経営とグローバル・ビジネスは区別され，独立した学問領域として確立されているのであろうか．その答えは両者の間に，異なる経営の内容が存在するということにある．それらを大別すると次のようになろう．第1に，本国とは異なった経営環境のもとでの経営活動である．第2に，本国を含めいくつかの国ぐにで同時に行われる事業活動である．事業活動が行われる国の数が多いというばかりでなく，質の違った活動の組み合わせでもある．複雑な活動を同時に実行し，統制しようとする時に新しい問題が生起するのである．

　本国と海外とでは，どのような面で異質な経営環境にあるのか，ここでいくつかの例をあげてみよう．

① 進出先では，国家主権に基づく固有の法律体系や政治制度が存在する．企業はこうしたその国独自の法律や政治システムを尊重し，遵守する姿勢を堅持しながら，それらの枠の中で事業活動を実践していかなければならない．受入国側から進出企業に対し，政治的圧力や影響力が行使されることも十分に考慮しなければならない．

② 異質な環境という面でみると，本国とは違うその国独自のビジネスに関するさまざまな特質がある．特有のビジネス制度，ビジネス慣行などが存在し，それらは進出企業の経営にストレートに影響を与える．

③ 国民経済のもつ特質の違いも重要である．かつて日本企業は所得水準の格差を利用し，製品コスト低減を目的に東南アジア諸国に進出した．こうした企業に対して，現地政府は原材料の現地調達率の引き上げや，現地人の雇用促進，輸入規制の強化など，各種の要求や要請を進出企業に行った．

④ 進出先国の産業や工業の発達の程度による事業活動への影響も見逃せない．たとえば，インフラの整備状況も十分に考慮されなければならない重要な事柄である．

⑤ 進出先の自然条件も克服しなければならない課題である．本国から遠く離れた異郷の地での経営は，厳しい暑さや寒さなどへの対応や，地理的な条件への適応，さらには本国との時差をも考慮に入れた経営が要求される．

⑥ 金融制度の障壁も克服しなければならない課題である．本国とは異なる通貨制度や通貨単位のもとでの経営には，常に為替変動リスクという問題が付随してくる．為替レートの日常的な変動に常に注目し，リスクを回避する措置を講じなければならない．また現地政府による外国送金の規制などの問題が発生する恐れもある．

⑦ グローバル・ビジネスでは，現地の文化や価値観に敬意を払わなければならない．言語の違いに起因するコミュニケーション上のトラブル，従業員の信仰する宗教上の摂食への配慮，現地文化や価値観に反するような広告や宣伝の回避，現地ナショナリズム刺激の防止など，異文化のもとでの経営

について広く，深い知識を得る必要がある．

　上述したように，グローバル・ビジネスは，国内経営とは本質的に大きな違いが存在している．それを前提に，現地国に受容される事業活動を展開していくことが求められる．本国とはさまざまな局面で異質な経営環境にうまく適応し，それらを克服し，グローバルな次元で効果的に，しかも効率的に事業活動を展開することが求められている．

(2) グローバル・ビジネスのプロセス

　企業はどのような段階を経て，グローバル・ビジネスを展開していくのであろうか．そのプロセスをみていくことにしよう．企業のグローバル・ビジネスの展開方法は個々に多様であり，いくつか方法がある．それらは主として輸出，現地生産，技術供与といった方法である．これらのどれを選択し，どれを組み合わせるかによって，グローバル・ビジネスの様相は異なってくる．

　一般的に，日本企業は戦前より輸出を中心にグローバル・ビジネスを展開してきた．その輸出も，間接輸出と直接輸出（直貿ともいう）に大別される．

① 間接輸出

　戦前・戦後を通じて，日本製造企業は海外市場に製品を輸出する場合，商社など貿易仲介業者を利用してきた．このように，商社など業者を通じて輸出することを間接輸出とよぶ．1970年代初め頃まで，間接輸出は輸出全体の大きな割合を占めていた．この間接輸出方式が選択される事情はいくつかある．

　まず，企業が独力で輸出を実行するためには，資金力の面で制約があった．国内だけで事業展開してきた企業が輸出を開始しようとする場合，海外市場は未知の領域である．貿易に関する知識や実務経験は十分なものとはい

えない．貿易業務を担当する要員を自社内で養成するとなれば時間と費用がかかる．さらには自力で輸出活動するには，現地市場において独自の販売網を構築しなければならない．グローバル・ビジネス初期段階では，多くの日本製造企業にはこれらを自力で賄える資金的余裕がなかった．こうした中で，日本企業は商社など貿易仲介業者を通じて貿易を開始した．三井物産をはじめ，貿易に精通した仲介業者がすでに育っていたこともこれら企業を助けることになった．

また，グローバル・ビジネス初期段階では，企業が輸出しようとする製品自体が，高度な技術力を駆使して製造したものではなく，販売上あまり差別化する要素が少ないものであった．このことも間接輸出に依存する傾向を作り出した要因の1つであった．1970年代初め頃までの主な輸出品は，鉄鋼，化学肥料などであった．

② 直接輸出

直接輸出とは，商社など貿易仲介業者を使うことなく，企業が自社内に貿易専門部署を設置し，さらに海外現地市場に社員を派遣して現地販売会社を設立するなど，企業独自で積極的に輸出活動を展開することを指す．

では何故，間接輸出から直接輸出に移行するのであろうか．その大きな要因として輸出製品の構成変化をあげることができる．1960年代半ば頃から輸出製品の内訳が，家電製品，電子機器，工作機械など高度技術に基づく製品へと変化し始めた．このことが従来の商社任せの輸出から脱却しなければならない要因を作り出した．

もうひとつは，間接輸出それ自体がもつ限界によるものである．基本的に間接輸出は，企業と現地市場を商社が結び付けている．そのため，企業から現地市場の消費者に直接伝えたい情報や，現地市場のニーズなど企業が知りたい情報が商社という緩衝地帯があるために直接に，しかも円滑に伝わらないのである．こうしたことをきっかけに自動車，電機電子機器など比較的規

模の大きな製造企業は自社内に輸出部門を設置し，さらにそれを強化し，輸出を促進していった．

③ 輸出から現地生産への移行

　日本企業は，長年に渡り輸出による経営のグローバル化を図ってきた．これは，欧米の企業と比較した場合の日本企業のグローバル・ビジネスの大きな特徴といえる．こうした輸出中心の戦略をとってきた日本企業に，輸出戦略の転換を迫る事態が起こった．それが輸出主導から現地生産への戦略の移行である．

　まず，現地生産は東南アジアや中南米など発展途上国を中心に，1960年代後半から70年代前半にかけて本格化した．かつて，日本企業にとってこれらの国ぐには重要な輸出市場であった．しかしこれらの国ぐににおいて工業化が進展するにつれて，現地国政府は輸入代替工業化政策をとり始めたのである．これは輸入に依存していた製品を現地生産化することにより，自国の工業化を推進しようとする動きであった．現地国政府は自国企業を保護・育成するために関税を引き上げるなど，輸入を抑制する動きに出たのである．また一方で，現地国政府は外国企業の進出と現地生産を奨励するために，各種の優遇措置を講じた．

　このような動きに対して，従来，輸出により確保してきた市場を失うかもしれないという事態に直面し，日本企業は市場防衛のために現地生産の開始を決意しなければならなかった．

　アメリカやヨーロッパにおいても，日本企業による現地生産が開始されている．それは1970年以降急速に進行した．日本企業による欧米での現地生産の開始は，各国における保護主義的貿易政策の実施が原因のひとつとされている．日本からカラーテレビ，自動車，工作機械などの輸出が急増し，欧米各国との間に深刻な貿易摩擦が生じた．そのため各国は日本から急増した輸入品に規制を実施するようになった．日本企業は，市場防衛のための現地生

産に乗り出したのである．

　ところで，現地生産を開始する際にはいくつか解決すべき戦略的問題がある．現地で生産する製品をどこに向けて販売するのかという問題，つまり仕向地についてである．これは，2つに大別できる．

　ひとつは，進出した国や地域の市場を標的に製品を供給しようとする現地市場志向の現地生産である．もうひとつは，現地で生産した製品を本国または他国に向けて供給しようとする輸出志向の現地生産である．いずれにせよ現地において製品を生産することに変わりはないが，仕向地が現地市場か，それとも輸出するためのものかにより，生産する工場の規模などに違いがでてくる．たとえば，日米間で深刻な自動車貿易摩擦が発生し保護主義的政策が出されたとき，日本自動車企業はアメリカにおいて現地生産を開始した．現地市場志向の現地生産は，このような事態に直面した企業がとる対応といえる．

　また一方，輸出志向の現地生産は，生産コストの削減を目的にして，労働コストの低い東南アジアなどの国において行われることが多い．現地生産が開始されると，次の段階として研究開発機能が部分的に本国本社から移転され，現地で展開されるようになる．これは現地で研究開発の必要性が高まることを背景に開始される．現地のニーズに的確にしかも迅速に対応するためには，現地における研究開発活動が不可欠な要素となる．この動きは，今後ますます企業にとって重要な問題となっていくと思われる．

　次に，企業が海外現地において生産活動を開始する場合，現地に生産のための子会社を設立しなければならない．子会社設立には大別して2つの方法があり，通常，所有政策とよばれている．以下，それらをみてみよう．それには完全所有方式と合弁事業方式がある．企業が海外現地生産する場合，どちらの方式を選択するかが，重要な戦略的決定となる．

④　完全所有方式

　完全所有方式とは，子会社設立にあたり必要な経営資源を，本国本社が単独で拠出することである．この方式は，本国本社が直接現地子会社を完全にコントロールできる利点がある．すなわち，本国本社の経営方針や経営戦略を子会社に周知徹底できるのである．また，投資による収益を単独で確保することも可能である．さらに，本国本社のもつ経営ノウハウ，技術などを移転することが容易であるなどの特徴をもっている．

　反面，経営資源をすべて単独で賄わなければならないのでコストの負担が大きいこと，事業活動に伴うリスクも単独で負担しなければならないこと，現地子会社を完全にコントロールすることに対し現地のナショナリズムを刺激する恐れがあること，などデメリットもある．

⑤　合弁事業方式

　合弁事業方式とは，現地においてパートナー企業と共同出資して，現地法人を設立する方式である．この方式は出資比率によって過半数所有方式と少数所有方式とに大別される．

　合弁事業方式も完全所有方式同様にメリットとデメリットを併せもっている．まずメリットとしては，現地市場に関する情報，経営ノウハウなどが比較的容易にパートナー企業を通じて獲得できること．つまり，進出企業が十分に持ち合わせていない経営資源をパートナー企業から提供してもらえることである．また，現地パートナー企業との共同経営なので，事業活動に伴うリスクの分散が可能となる．さらに現地パートナー企業が存在するので，現地ナショナリズムの発揚を抑止できるなどのメリットがある．

　反面，完全所有とは異なり，共同での子会社所有のため本国本社の意思が完全に反映されないなどのデメリットをあげることができる．

　自社独自の技術やノウハウがパートナー企業を通じてリーク（漏洩）する危険性もある．投資収益も単独で受けとることができず，分配しなければな

らない．分配方法を巡って，パートナー企業とトラブルが起こることも予想される．パートナー企業の選定そのものを誤った場合，事業全体がうまく進行しないことも考えられる．

　以上，完全所有方式と合弁事業方式をみてきたが，一般的に両者にいえることは次のようなことである．完全所有方式は，国際事業活動の実績が多くあり，豊富な海外事業経験をもつ企業にとってメリットのある方式である．しかし，本社のコントロールが完全に行われるので，発展途上国など現地のナショナリズムを刺激しやすい国ぐにには適していない．

　一方，合弁事業方式は，国際事業活動に新規参入しようとしている企業や，比較的に海外事業経験の浅い企業に適した方式である．また，経営資源を豊富に所有していない中小企業にとっても有利な方式と考えられる．しかし最終的な事業の成否は，よいパートナー企業と手を結ぶことができるか否かが重要な岐路となる．

📖 用語解説 📖

多国籍企業：一般に多国籍企業とは，「資産（工場，鉱山，販売事務所等）を2ないしそれ以上の国において統括するすべての企業」を意味している．

✐ 参考文献 ✐

安室憲一『グローバル経営論』千倉書房，1992年
安室憲一・(財) 関西生産性本部編著『現場イズムの海外経営——日本企業・13のケーススタディ』白桃書房，1997年
安室憲一『中国企業の競争』日本経済新聞社，2003年
吉原英樹『多国籍企業論』白桃書房，1979年
吉原英樹編著『日本企業の国際経営』同文舘，1992年
吉原英樹『国際経営』有斐閣アルマ，2001年

第❷章　グローバル企業の歴史

〈学習のねらい〉

　本章では，グローバル企業の歴史を概観したい．今日，企業のグローバル・ビジネスは規模・重要性とも高まっている．とりわけ1990年代以降の動向については，第1章でも触れたところである．

　ところで，グローバル・ビジネスへの関心の高まりはごく最近のことではあるが，グローバル・ビジネスそのものの歴史は，少なくとも100年以上も前にさかのぼることが出来る．ここでは，「海外直接投資」をグローバル・ビジネスの動向を伺うひとつの指標として，その歴史をたどってみたい．

第1節　グローバル経済の形成と企業

(1) グローバル・ビジネスの展開

今日，多くの企業が自国市場に留まることなく，グローバルな規模でビジネス活動を展開している．まず，その具体例をいくつか取り上げてみよう．

1937年に設立されたトヨタは，今日ではアメリカ，中国，ヨーロッパ諸国をはじめ，世界各地に海外子会社を設立している．当初は輸出を中心に販売拠点を構築していたが，1970年代の貿易摩擦を契機に現地生産を本格化させた．現在では，自動車の総生産台数の約半数を海外で生産するようになった（国内約386万台，海外約373万台）．自動車の生産規模は，アメリカのGM（General Motors）に次ぐ業界第2位となっている（2005年度実績）．

また，1940年に設立されたアメリカのマクドナルド（McDonald's）は，現在では世界119カ国に約3万店の店舗を展開している．同社は直営方式ではなく，加盟店に商品やサービスの独占販売権を与えるフランチャイズ方式を採用し，急速に事業を拡大した．同社はアメリカ，カナダ，オーストラリアなど，世界各地で食材を調達し，それを流通し，各国の店舗に供給している．

このほか，1981年に設立された中国のレノボ（聯想集団）は，中国の一般家庭用パソコンの販売により急成長を遂げた．2004年12月には，アメリカの名門企業IBM（International Business Machines）のパソコン事業部門を買収し，デル（Dell），ヒューレット・パッカード（Hewlett-Packard）に次ぐ世界第3位のパソコン・メーカーとなった．同社は中国，アメリカをはじめ，日本，フランス，オーストラリアなど，世界各地に研究開発・生産・販売拠点を置き，グローバルな規模でビジネスを展開している．

このように，企業はグローバル・ビジネスを展開している．企業のグローバルなビジネス活動は，国家の枠を越えた経営資源（ヒト，モノ，カネ，情

報)の移動を可能にしている．結果として，企業は各国経済を結びつけており，グローバル経済形成の重要な役割を担っている．

(2) グローバル経済の変動

さて，歴史的にみると，企業のグローバル・ビジネスは常に今日のように大規模に，積極的に展開されてきたわけではなかった．図表2-1は，グローバル経済の動向を示している．これによれば，初期のグローバル経済は1880年より本格的に軌道に乗り始め，半世紀に渡り拡張した．しかし，長期に渡り拡張することなく，1930年以降縮小した．

そして今日，われわれが目の当たりにしているグローバル経済は，1950年代から再び芽吹き始め，長い準備期間を経て，1979年より本格化したものである．このグローバル経済は現在も拡張している．

このように，グローバル経済は成長と衰退の時期を繰り返してきた．国際ビジネス環境の変動とともに，企業のグローバル・ビジネスの様相や，グローバル経済をリードする本国も変化してきた．それでは，それぞれのグローバル経済の時代に，どのようなグローバル・ビジネスが展開されてきたのだ

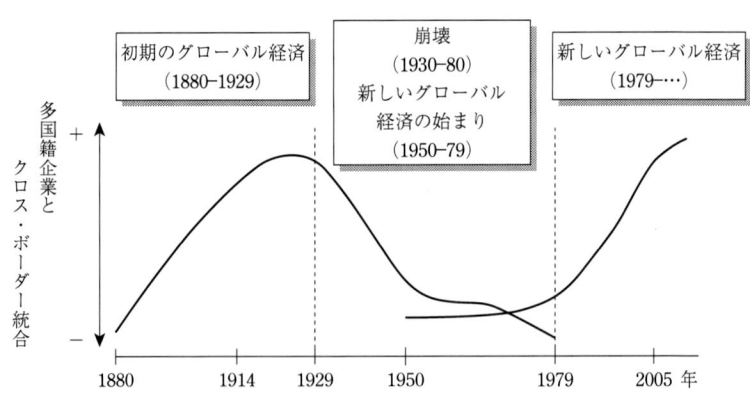

図表2-1　グローバリゼーションの波

出所) Geoffrey Jones, *MULTI NATONALS AND GLOBAL CAPITALISM*, oxford university press, 2005.

ろうか．次にみていこう．

第 2 節　初期のグローバル経済

(1) イギリス経済の隆盛

　初期のグローバル経済（1880～1929年）において，特に重要な役割を果たした国がイギリスであった．

　18世紀後半，イギリスは世界の国ぐにに先駆けて産業革命に成功した．工場に機械や動力を導入し，工場制機械工業を展開した．工業生産性は飛躍的に上昇し，イギリスはやがて「世界の工場」としての地位を確立した．最盛期の1870年代には，世界の総工業生産量の3分の1を占めるに至った（Chandler 1990）．

　イギリスは世界一の海運力，金融センター，広大な植民地を背景に，国際社会における存在感を高めていった．1913年までに，人口4,500万人に過ぎなかったイギリスは，4億人もの人びとを支配する大帝国を築いた（Jones 2004）．強大な経済力を背景に，イギリス企業のグローバル・ビジネスが展開された．

(2) イギリス企業のグローバル・ビジネス

　イギリス企業の海外進出は1880年以降本格化した．大まかな推計ではあるが，1914年までに，イギリスの海外直接投資残高は40億ポンド（194億4,000万ドル）に達した．図表 2 - 2 は，1914年時点での投資本国別にみた海外直接投資残高の割合を示している．イギリスは世界の海外直接投資総残高の45％を占め他国を圧倒した（Jones 1995）．

　イギリス企業は，特に繊維・化学・機械・消費財産業において国際競争力を有していた．カタン糸のJ&Pコーツ（J&P Coats），タイヤのダンロップ（Dunlop），石油のシェル（Shell transport），ボイラのバブコック・アンド・

図表2-2 投資本国別にみた海外直接投資残高の割合（1914年）（単位：％）

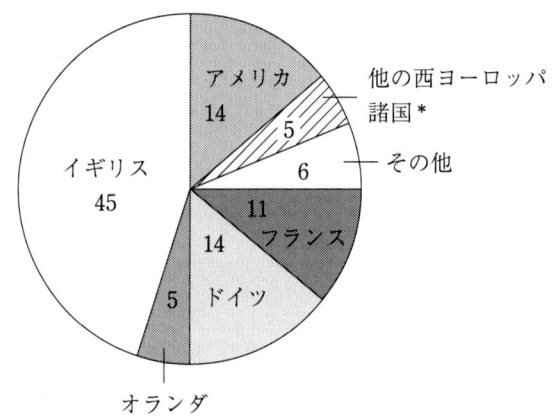

注）＊は主にベルギー，スウェーデン，スイス．
出所）Dunning 1992.
　　ただし，本章では，ジェフリー・ジョーンズ著，桑原哲也・安室憲一・川辺信広・榎本悟・梅野巨利訳『国際ビジネスの進化』有斐閣，1998年より再引用した．

ウィルコックス（Babcock & Wilcox），石鹸のリーバ・ブラザーズ（Lever Brothers）など，多くの企業が海外子会社を設立し，ビジネス活動を展開した．これらは先駆的なグローバル企業であった．

たとえば，1889年に設立されたダンロップは，ゴム製品の生産において優れた技術を有していた．特に，同社は空気入りタイヤの製造に関する一連の特許を有しており，自転車ならびに自動車用タイヤの商業化に成功した．

同社は創業から間もなく，グローバル・ビジネスに着手した．1892年には，フランスおよびドイツにおいて現地企業との共同出資による合弁会社を設立し，さらに1893年にはアメリカ，1909年には日本において100％出資による完全所有子会社を設立し，現地生産に着手した．また，1894年にはカナダ，1899年にはオーストラリアにおいて，現地企業との間にタイヤ製造に関するライセンス契約を結び，技術供与した．

このように，同社は現地生産，ライセンシングなど，さまざまな形態をも

ってグローバル・ビジネスを展開した（井上 1993）．

第3節 新たなグローバル経済への動向

(1) アメリカ経済の台頭

　イギリス主導のもと拡張した初期のグローバル経済は，1920年代末の大恐慌を背景に縮小していった．イギリス経済は貿易不振にあえぎ，国内生産は縮小した．

　一方でこの時期，グローバル経済における存在感を高めつつあった国がアメリカであった．アメリカにおける工業化は，イギリスより100年遅れて開始された．後発国であったアメリカ企業は，規格化された標準製品を大量生産することで先進工業国との競争に挑んだ．

　アメリカ企業は互換性部品を使用し，製品の生産コストを下げた．また，組立作業を要素ごとに分解し，単純作業にすることで未熟練労働者でも生産活動に従事できるようにした．大量生産された製品は，全国的な流通システムを通じて大量販売された．大量生産・大量販売を実現するために，それらを管理するための巨大な組織を形成した（Chandler 1990, 安室　2003）．

　第2次世界大戦後には，アメリカがグローバル経済をリードするようになった．戦後の世界的な経済復興期には，アメリカ企業は世界中の商品需要に応えていった．やがて，アメリカは世界の工業生産量の半分を超えるまでになった（吉原　1988）．

　ところで，戦後の国際情勢は冷戦構造という状況を生んだ．世界の国ぐににはアメリカを盟主とする資本主義陣営と，ソビエト連邦を盟主とする社会主義（共産主義）陣営によって2分された．ヨーロッパにおいてはイギリス，フランス，イタリア，西ドイツといった国ぐに（西側諸国）が資本主義陣営に，ポーランド，ハンガリー，ルーマニア，東ドイツといった国ぐに（東側諸国）が共産主義（社会主義）陣営に属するようになった．アジアにおいて

も日本,韓国,台湾といった国ぐにが資本主義国との関係を重視したのに対し,中国,北朝鮮,ベトナムといった国ぐにが共産主義（社会主義）国との結びつきを強めていった．

2つの陣営間では政治・軍事・経済において対立が生じた．戦後,企業のグローバル・ビジネスの場は,自陣営内という限られた範囲内で展開された．

(2) アメリカ企業のグローバル・ビジネス

アメリカ企業の海外進出は戦前より展開されていたが,その動きは戦後本格化した．1950～1960年代には,アメリカは世界の海外直接投資残高のおよそ50％を占め,絶頂期を迎えた（Jones, 1995）．

図表2-3は1980年時点での投資本国別海外直接投資残高の割合を示している．アメリカ企業による海外直接投資の勢いは,1970年代より減速するものの,1980年時点においても40％のシェアを占め,他国を圧倒した．

図表2-3　投資本国別にみた海外直接投資残高の割合（1980年）（単位：％）

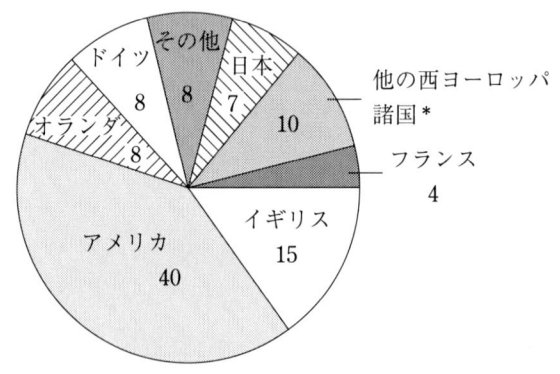

注）＊主にベルギー,スウェーデン,スイス．
出所）Dunning 1992：17；United Nations 1993：248．
　　　ただし,本章では,ジェフリー・ジョーンズ著,桑原哲也・安室憲一・川辺信広・榎本悟・梅野巨利訳『国際ビジネスの進化』有斐閣,1998年より再引用した．

アメリカ企業は機械・化学・輸送機器・石油・食品などの分野において国際競争力をもった．事務機器のIBM，電機のGE（General Electric），化学のデュポン（Du Pont），ダウ・ケミカル（Dow Chemical），自動車のGM，フォード（Ford Motor），クライスラー（Chrysler），石油のエクソン（Exxon），モービル（Mobil），食品のコカ・コーラ（Coca-Cola）など，多くのアメリカ企業がグローバル・ビジネスをリードした．

たとえば，1903年に設立されたフォードは，移動組立ラインによる自動車の大量生産に成功した．革新的な生産方法によって造られたT型車は，低価格・高品質を実現し，大衆市場を開拓した．当時，自動車産業においてはフランスのプジョー（Peugeot），ドイツのベンツ（Benz），イタリアのフィアット（Fiat）など，ヨーロッパ企業が市場を支配していたが，やがてフォードの世界市場進出が開始された．フォードはイギリス，フランス，カナダ，日本など世界各国に自動車の生産・組立工場を建設し，需要に応えていった．今日では，日本自動車メーカーの攻勢もあり，厳しい経営状況にあるものの，未だ自動車業界のビッグ・スリーとして君臨している（Tedlow 1990, Jones 1995）．

(3) 日本企業のグローバル・ビジネス

戦後のグローバル・ビジネスをリードしたアメリカの勢いは，ヨーロッパや日本の経済復興とともに次第に衰え始めた．アメリカ経済は1971年に戦後初めて貿易収支赤字を経験し，1985年にはついに債務国に転落した．

対照的に，1960年代より経済成長いちじるしかった国が日本であった．1960年代末には，日本のGNP（国民総生産）はアメリカに次ぎ資本主義国中第2位となった．日本の世界の製造業に占めるシェアは，1960年代初期には5％に過ぎなかったが，1980年代後半には20％にまで増加した（Jones 2004）．

日本企業は特に電機・自動車・鉄鋼・造船・繊維といった分野において，

図表 2-4　投資本国別にみた海外直接投資残高の割合（1993年）（単位：％）

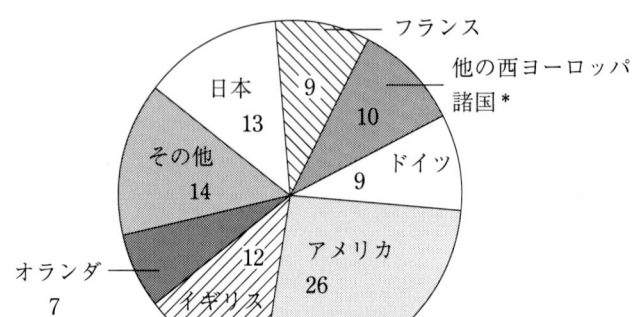

注）＊スイス，スウェーデン，イタリアが含まれる．他のヨーロッパ諸国は，カナダ，オーストラリアなどとともに「その他」に含まれている．
出所）United Nations 1995.
　　　ただし，本章では，ジェフリー・ジョーンズ著，桑原哲也・安室憲一・川辺信広・榎本悟・梅野巨利訳『国際ビジネスの進化』有斐閣，1998年より再引用した．

高い国際競争力を有した．1980年代後半からは，国内におけるバブル経済を背景に，グローバル・ビジネスをさらに加速させた．製造業，サービス業ともに世界の主要市場に進出していった．その詳細については第13章に譲りたい．

　図表 2-4 は，1993年時点における投資本国別にみた海外直接投資残高の割合を示している．日本はイギリス，フランス，ドイツ，オランダを抑え，世界第 2 位の海外直接投資国となった．相対的にアメリカの世界の海外直接投資に占める割合は縮小した．

第 4 節　グローバル経済における大変動

(1) 冷戦の終焉と中国の台頭

　1990年代，グローバル経済は新たな段階に突入した．その変動の原因のひとつが，旧共産主義国（旧社会主義国）による資本主義市場への参入であっ

た（安室　1997）．既述のとおり，戦後の国際社会は資本主義国と共産主義（社会主義）国の2つに分断されていた．しかし，1990年の東西ドイツ統合をはじめ，1991年のソビエト連邦の崩壊により，冷戦構造に終わりを告げた．旧共産主義（旧社会主義）国では急速に市場経済の導入が進められた．

　この時代，特に経済成長のいちじるしい国が中国であった．中国は1978年より閉鎖経済を改め，市場経済への転換を図った．この動きは天安門事件（1989年）により，一時的に中断するものの，1990年代に入り再び推進されていった．政治体制は依然として社会主義のままであることから，その政治・経済体制は「社会主義市場経済」として特徴づけられる．

　中国の市場経済への移行とともに，多くの外国企業が中国に進出し，海外生産に着手した．やがて中国は「世界の工場」としての重要性を高めた．DVDプレーヤー，携帯電話，デスクトップ・パソコン，カメラ，冷蔵庫など，多くの工業製品が中国で大量生産されるようになった．中国のGDP（国内総生産）は，1979年から2003年までの間に年平均9％の成長を遂げた．海外貿易は，1979年から2003年までの間に年平均15％の伸びを示した（Jones 2005）．

　1990年代後半からは，中国企業による海外直接投資も増加した．2002年末時点で，中国の累積投資契約額は137億8,000万ドルに達し，海外の現地法人数も6,960社となった（杉田　2003）．

(2) IT企業の勃興

　中国が「世界の工場」としてのポジションを確立する一方で，アメリカにおいてはインターネットや高度技術に支えられた新興企業の活躍が目立った．ソフトウェアのマイクロソフト（Microsoft），半導体のインテル（Intel），ポータルサイトのグーグル（Google），インターネット書店のアマゾン・ドットコム（Amazon.com）などがイノベーションの担い手となった．
　たとえば，1975年に設立されたマイクロソフトは，パソコン・ソフトウェ

アの世界的リーダーとして知られている．現在，同社の売上高はおよそ398億ドルに達している．約100の国や地域に海外子会社を設立し，グローバルな規模でビジネスを展開している（2005年現在）．

1990年代，アメリカ経済はこれらIT企業の勃興を背景に，急速な経済成長を遂げた．この好景気はかつての製造業を中心とした経済「オールド・エコノミー」に対して「ニュー・エコノミー」とよばれた．だが，この経済成長もITバブルの崩壊により，10年足らずで終わった（Jones 2005）．

最後に，図表2-5は，2004年時点における海外直接投資残高の割合を示している．依然として，アメリカが世界最大の海外直接投資国である．しかし，その勢いはかつてのように突出したものではなく，低下しつつある．海外直接投資の投資本国は一国集中から，次第に多極化に向かいつつある．

以上，本章ではグローバル企業の歴史を概観してきた．グローバル企業は各国経済を結びつけており，グローバル経済形成の主要な担い手となっている．

図表2-5　投資本国別にみた海外直接投資残高の割合（2004年）

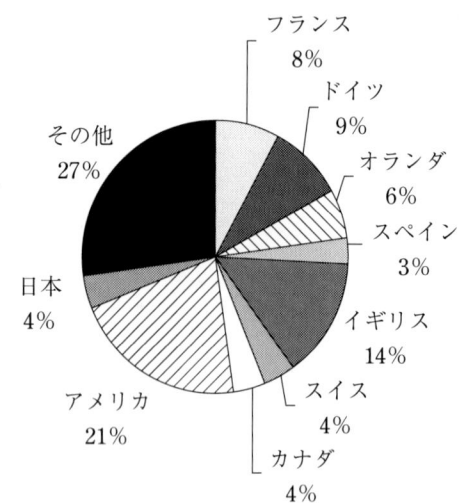

出所）United Nations 2005.

今日，企業は「母国」の枠組みを越えて，よりグローバルな視点でビジネス活動を展開しつつある．本国中心主義的な考えを捨て，各国に存在する多様性を取り込もうと努力している．グローバル企業は新たなる進化の道を模索している．

ケース・スタディ

ユニリーバ(Unilever Ltd.)

戦前より，グローバル・ビジネスを展開していた企業のひとつがユニリーバである．同社は1930年にイギリスの石鹸製造企業であるリーバ・ブラザーズと，オランダのマーガリン製造企業であるマーガリン・ユニが合併し誕生した企業である．本社はロンドンとロッテルダムの2カ国に存在する．パーソナルケアのラックスやダヴ，ホームケアのドメストやジフ，食品のリプトン，ブルックボンド，ラーマといったブランドは日本においても広く知られている．ここではイギリス側企業リーバ・ブラザーズを取り上げてみよう．

リーバ・ブラザーズの創業者・ウィリアム・ヘスケス・リーバは，1851年に食料雑貨商の子として生まれた．彼は16歳の頃から見習いとして家業に携わり，アイルランドの農家からバターと卵を直接に仕入れてイギリス国内で販売するなど，早いうちから海外市場を意識したビジネスを展開していた．

彼のビジネスが飛躍するのは，石鹸の製造・販売に着手してからであった．彼は工業化の進展とともに，労働者を中心とする石鹸の需要が伸びるだろうと予測した．「サンライト」という商標を取得し，石鹸販売に乗り出したのであった．当初，この石鹸は既存のメーカーに委託生産していたが，やがてリバプール郊外のポートサンライトに工場を建設し，自ら生産に着手した．

この頃から，リーバ・ブラザーズのビジネスは海外との結びつきを強めていった．同社のグローバル・ビジネスの目的は，海外市場確保のための現地生産と，石鹸の原料となる牛脂，コプラ，椰子を供給するための拠点確保にあった．同社は日本においても1910〜1925年間に兵庫県・尼崎市に大規模な工場を建設し，現地経営に着手した．

このように，戦前からリーバ・ブラザーズはグローバル・ビジネスを展開していた．現在，同社は世界150カ国以上でビジネスを展開する世界最大級の消費財メーカーとなっている．

山内昌斗「英国リーバ・ブラザーズの初期の対日投資」『星陵台論集』(神戸商科大学)第35巻第3号，2002年

📖 用語解説 📖

直接投資：「直接投資」とは企業経営を通じて営利を獲得することを目的とした投資のことである．資産運用を目的とした「間接投資（あるいは証券投資）」とは区別されている．経営支配権を伴っているか否かが大きな違いとなる．

✎ 参考文献 ✎

Chandler, A. D., *Scale and Scope*, Cambridge, Mass: Harvard University Press, 1990.（安部悦生・川辺信雄・工藤章・西牟田祐二・日高千景・山口一臣訳『スケール・アンド・スコープ』有斐閣，1993年）

井上忠勝「イギリスダンロップ社の日本進出」『経営学研究』（愛知学院大学）第3巻第1・2号，1993年

Jones, Geoffrey, *The Evolution of International Business*, International Thomason Business Press, 1995.（桑原哲也・安室憲一・川辺信雄・榎本悟・梅野巨利訳『国際ビジネスの進化』有斐閣，1998年）

Jones, Geoffrey, *Multinationals and Global Capitalism*, Oxford University Press, 2005.

杉田俊明「中国企業の成長と国際化」（多国籍企業研究会編『21世紀多国籍企業の新潮流』ダイヤモンド社，2003年）

Tedlow, Richard S., *New and Improved The Story of Mass Marketing in America*, Basic Books, Inc., 1990.（近藤文男監訳『マス・マーケティング史』ミネルヴァ書房，1993年）

United Nations, *World Investment Report : Transnational Corporations and the Internationalization of R&D*. UNCTAD : New York and Geneva, 2005.

安室憲一『現場イズムの海外経営』白桃書房，1997年

安室憲一『中国企業の競争力』日本経済新聞社，2003年

吉原英樹・林吉郎・安室憲一『日本企業のグローバル経営』東洋経済新報社，1988年

この他，各企業のウェブサイトを参照した（2006年5月30日現在）．
トヨタホームページ http://toyota.jp/
マクドナルドホームページ http://www.mcdonalds.com/
レノボホームページ http://www.lenovo.com/lenovo/us/en/
IBMホームページ http://www.ibm.com/jp/
マイクロソフトホームページ http://www.microsoft.com/

第❸章　グローバル企業をつくった企業家

〈学習のねらい〉

　人口の増加や資本の増加といった生産要素の増加がないときでもなぜ経済は停滞しないのか，あるいは競争があるにもかかわらずなぜ利潤は消滅しないのか．この疑問にJ．シュンペーターが出した答えは「企業家」によって生産要素の組み合わせが変えられたからであるというものであった．組み合わせの変化とは今日でいう「革新」（イノベーション）を意味する．

　企業はなぜグローバル経営への道を歩むのか．自国の経営資源や市場が縮小すれば投資は自然と海外に向けられるのか．国際経営を志向するリーダーの存在があってこそグローバル企業への道が開かれるのではないだろうか．海外進出によって企業成長への道筋をつくるという行為はまさしく「革新」であって，その原動力となる「企業家」の存在を抜きに語ることはできない．

　いまや世界を舞台に活躍する日本企業の中でも海外へと進出する決断の時があった．ここでは，本田宗一郎（本田技研工業），盛田昭夫（ソニー），安藤百福（日清食品）を事例として，海外進出に乗り出した時期に焦点をあてることによって，企業をグローバルビジネスへと導くリーダーの資質について考えてみたいと思う．

　本章で明らかにしたいのは，必ずしも自国の経営資源や市場の縮小が海外進出の要因とはならないということである．ここでとりあげる企業の海外進出はリーダーたる企業家の旺盛なチャレンジ精神によるところが大きかったことを理解されたい．

第1節　本田宗一郎（本田技研工業）

　1948年に本田技研工業を設立した本田宗一郎（以下，宗一郎と称する）は，翌49年に本格的オートバイ・ドリーム号を開発，58年には小型バイク・スーパーカブを発売，これが日本では大ヒットした．こうした勢いに乗じて，54年，宗一郎は世界的なオートバイレース・マン島TTレースへの出場宣言をした．ところが，その後訪れたヨーロッパの情勢をみて宗一郎は愕然とすることとなる．このときの感想を，宗一郎は，次のように述べている．

　「一番がっかりしたことから言いますとね，初めて1954年にマン島TTレースを見に行った時のことです．驚いたことに僕ら考える三倍ぐらい大きな力で走っているわけですね．イタリアからドイツからイギリスから全部マン島に集結して，矢のように走っている姿．しかもわれわれが見たこともないどころか，夢にも考えたことのないようなマシンなんですねえ．行ってあれ見たときに，まず第一にガクーンと衝撃だったなあ．日本でホンダがTTレースに出るって散々話を広げておいて行ったんだから，僕にとっては物凄い衝撃だった．これはえらいこと言っちゃった，どうしようかなあって．」[1]

　しかしながら，宗一郎の企業家精神はけっして衰えることなく，逆にこのことが彼の企業家精神に火をつけた．56年1月付の『ホンダ社報』（23号）には以下のような社是が載っている．

　「わが社は世界的視野に立ち，顧客の要請に応えて，性能の優れた，廉価な製品を生産する．わが社の発展を期することは，ひとり従業員と株主の幸福に寄与するに止まらない．よい商品を供給することによって顧客に喜ばれ，関係諸会社の興隆に資し，さらに日本工業の技術水準を高め，もって社会に貢献することこそ，わが社存立の目的である．」[2]

そうして臨んだ59年の大会でホンダは個人で6位入賞，61年の大会では125ccと250ccで見事優勝を果たした．

マン島TTレースでのホンダの優勝は日本の技術が世界に通用したことの証となった．宗一郎の世界への挑戦は「世界的視野」にたっていたからこそであったが，宗一郎はいつ頃からそうした姿勢であったのか．社内報『ホンダ月報』をさかのぼると，52年10月号に宗一郎の次のような一文が載っている．

「つねづね申し上げておりますように，私は良品を安値で造って顧客にご満足いただくことを念願として努力しておりますが，性能の点でも，外観の点でも，また価格の点でも，完全にご満足を得ているとは思いません．（中略）9月の生産はドリーム号は1千台を超え，カブ号は5千台を突破しました．（中略）けれども，これはわが国，日本において第一流になったということで，一度眼を世界的視野に転じます時，現在私たちが到達しておりますレベルはまことに恥ずかしく寒心に堪えないものであります．本年の年頭の辞にも申し上げましたように，私の願っておりますのは製品を世界的水準以上にまで高めることであります．私は，日本の水準と英米等先進国の水準との開きのあまりにも甚だしいことをよく知っております．（中略）われわれの創意工夫を生かし実現するには，優秀な機械がなくてはなりません．"弘法は筆を選ばず"と言ったのは，昔の譬えです．そこで私は，一大決心をもって，世界第一流の工作機械を購入することにしました．すでに注文したもの，目下輸入許可の手続き中のものなどを併せますと，三億円に上ります．（中略）外国車の輸入制限によって自分の仕事を与しません．技術の競争は，あくまで技術をもってすべきであります．（中略）どのような障壁を設けてもよい品はどしどし入って来ます．（中略）良品に国境はありません．（中略）日本だけを相手にした日本一は真の日本一ではありません．（中略）一度優秀な外国製品が輸入される時，日本だけの日本一はたちまち崩れ去ってしま

います．世界一であって初めて日本一となり得るのであります．」3)

　これよりさらに遡ること50年夏のことである．鋳造方式において，ダイキャストか，砂型か，どちらの製法を採用するか選択を迫られた．ダイキャストは大量生産には有利であったが，ホンダはまだそのレベルに到達していなかった．ホンダの現状からすれば，砂型を採用するのが当然であった．しかし，宗一郎の考えは違った．

　「現実は，そうだよ．職人が一個ずつ砂型でつくった方が今んところ手っとり早いし，安い．けどなぁ，日本の将来は工業立国しか手がないんだ．世界を相手の商売となったら，一番大事なのは量産性のあること，部品が均質であることだ．だからウチはつらいのを承知で，最初からダイキャストでやっている．」4)

　一介の町工場に過ぎなかったホンダではあったが，このときからすでに宗一郎の目は世界に向いていた．現状に満足することなく，将来を見据えた場合，いかに生き残るかの術は早くから世界的なレベルに到達し，来るべき国際競争の時代となったとき優位性を築いておくことであった．「本田宗一郎は必ず世界一になるような商品をつくるだろう．それを，いかに売るかが私の仕事なんだ」5)という宗一郎の生涯のパートナー藤沢武夫は，ホンダの世界への挑戦を理解していたひとりであった．

第2節　盛田昭夫（ソニー）

　今この手元に1冊の本がある．『「ノー」と言える日本』である．盛田昭夫と石原慎太郎（現・東京都知事）の共著である．この中で盛田は，次のように述べている．

「私などは非常に西欧化していると思いますが，親しい友達であればあるほどお互いに相手と意見が違っても，それをはっきり言い合う．親しいから異なる意見を闘わすときは，本当にけんかのようにやっても，われわれの友情は少しも壊れないのですが，日本の習慣では，やはり友人というのは，意見を異にしてはいけないようです．ですから，友人であれば，友人であるだけ問題を突きつめないでその辺のところをごまかして，うんうん，そうだそうだというようなことで終わらせてしまう．親しい人には『ノー』とはなかなかいわない習慣になっています．しかし，こうした日本人のメンタリティというものを，外国人に理解してもらおうと思ってはいけない．『ノー』といわなくても，あっちがわかってくれるようになるならば，と考える人は，私からみれば甘い．それはやはり，何かを期待する，エクスペクトするという習慣の抜けない日本人の欠点だと思います．いいたいことがあるのに，将来なんらかの見返りを期待して黙っていては，相手は自分の主張が通ったと思ってしまうのです．日本人独特の精神構造などという偏狭なワクの中で心の鎖国を敷いてしまっては，インターディペンデンスの時代に孤立してしまう．」[6]

　グローバル化の時代に求められる人間の資質を強調する盛田は自らを「西欧化」していると自負するばかりか誰もが認める国際派である．46年に井深大とともにソニーの前身・東京通信工業を設立した．同社は一介の町工場に過ぎなかったものの，盛田は自社で開発されたトランジスタラジオの販路をアメリカに求めたのを皮切りに，「ソニー」ブランドを世界に広めることにつとめた．そうした盛田のアメリカでの認知度は高い．『Time』に初めて載った日本人が松下幸之助であるならば，同誌「20世紀に最も影響力のあったビジネスの天才」（1998年12月号）のひとりとして選ばれたのが盛田であった．

　46年に井深大とともに東京通信工業を設立した盛田であったが，戦後の混

乱の最中で必ずしも順風満帆な船出ではなかった．規模も小さかった．同社の創業を支えたのが国産初のテープレコーダーの開発であった．その販売もようやく軌道に乗り始めた頃，トランジスタの存在を知る．この特許を有するアメリカウエスタン・エレクトリック（WE）社と契約すべく盛田は53年渡米する．盛田自身生まれて初めての渡米であった．そのときの様子が次のように伝えられている．

「盛田にとっても，初めての海外である．『どうして，こんな国と戦争なんかしたんだろう』というのが，盛田の率直なアメリカの印象であった．全然日本とスケールが違う．何を見ても圧倒される．盛田は，少なからず自信を失いかけていた．（中略）『谷川さん，WEは東通工といっても，どこの馬の骨ともしれないジャパンが来たと言って，相手にしてくれないんじゃないだろうか．』いつになく弱気な盛田の言葉である．明日，盛田はWE社に行って，東通工が独力でテープやテープレコーダーを完成させたという事実を示して説明する予定になっているのだ．しかし，大アメリカの，しかも東通工とは比較することもはばかられるWE社が相手である．不安になって，盛田は谷川氏が泊まっているホテルにやって来たのだ．『明日，行こうと思っているのだけど…，行っても，とうてい相手にしてくれるとは思えないので，やめようかと思っているんだ』『何を言ってるんだ．アメリカ人は，そんなのと違うよ．とにかく，これは面白いと思ったらスパッと来る．その辺が日本人とは全然違うんだよ．とにかく行ってこいよ．山田さんも付いてるし，駄目で元々じゃないか』今回も，英語のできない盛田のために，山田がニューヨークに着いてからずっと連れて歩いてくれている．『そうか，そうだなぁ，そしたら行こうか…行きますよ』．谷川氏の励ましと，山田が付いて行ってくれる安心感で，盛田はやっとWE社に行く決心がついた．」[7]

初めての海外では不安が多かったのであろうが，「国際派」の盛田も最初

から海外の企業と互角にわたりあうような度胸の持ち主でもなかった．その後訪れたオランダでフィリップス社を視察したとき，彼の心境に大きな変化が生じた．

「オランダを見て非常にエンカレッジされた．私たちにもわが社の製品を世界中に売り広めるチャンスがあるという決心，決意をもつに至った．」[8]

アメリカに比して小さいオランダでフィリップスという世界的企業をみたとき，盛田はこれに日本を重ね合わせた．「国際派」盛田の誕生の瞬間であった．

盛田は「国際派」とよばれるビジネスマンである．英語を使いこなし，海外事業にも精通している．しかしながら，それは本来備わっていたものではなく，海外事業経験のなかから徐々に備わったものである．海外事業には，まさに体当たりで望んだのであった．しかしながら，盛田が優れているのは語学力でも，国際的な知識でもない．初めて海外経験から得た，臆することのない「日本人としての誇り」ではないだろうか．彼は，決してアメリカに「同化」しようとしたのではなかった．

第3節　安藤百福（日清食品）

安藤が試行錯誤の末に即席麺「チキンラーメン」を開発したのは58年8月のことであった．48歳のときであった．関係していた信用組合が破綻し，再起をかけた挑戦であった．

好調を博したチキンラーメンであったが，即席麺の製法が容易であったことから小資本による新規参入が殺到し，たちまち乱立状態に陥った．また類似品も多く出回った．国内市場の成長は60年代に入ると限界を見せ始めた．

そのことが，安藤を海外へと向かわせる契機となった．その市場はアメリ

カであった．しかしながら，当初の調査によるとアメリカでは即席麺の需要はないと判断された．日本とアメリカとの食文化の違いはチキンラーメンのアメリカ市場開拓の失敗を予測していた．そうした判断に安藤は納得できなかった．66年，自身の目で直接判断すべく渡米した安藤はロサンゼルスのスーパー・HM社のバイヤーにチキンラーメンを売り込んだ．どんぶりと箸を使って食べる習慣のないアメリカ人はこれに困惑した．そこでアメリカ人のとった行動はチキンラーメンを2つに割り，紙コップのなかに入れてそこにお湯をそそぎフォークで食べるというものであった．それにヒントを得た安藤は麺をカップに入れた状態にして，それにお湯を注ぐだけで出来上がるという「カップヌードル」を開発した．日本の食文化が次第に変わりつつあった70年代は「外食元年」といわれるように，洋風のファミリーレストランやファーストフードが日本にこぞって進出した時代であった．日本食のイメージとは異なる「異文化」の食べ方であったカップヌードルも次第に受け入れられていった．

　安藤が偶然目にしたアメリカ人の行動がカップヌードル誕生のきっかけとなったのであるが，そもそも安藤がアメリカ市場を目指さなければこうした偶然は生まれなかった．日米の食文化の違いは紛れもない事実であったが，安藤の企業家精神が既成事実を覆したのであった．

　安藤の海外進出への意欲はチキンラーメンの開発にとり組んでいたときにすでにあったとされる．

　「めん類は米やパンと並んで世界のいたるところで消費されている．イタリアにはスパゲティがあり，アメリカにはヌードルがある．それぞれの国に，それぞれの味わいのめんがあり，大衆食品としてゆるぎない地位を占めている．それほどまでに根強い食習慣があることから，安藤百福は即席めんもアレンジ次第で世界のあらゆる国に通用するものになると確信するようになった．〈チキンラーメン〉の対米サンプル輸出の成功は，その確信を裏づ

けるものであった.」[9]

　こうした世界をまたにかけた食への挑戦について，遡ると安藤が「食」に関する事業に関わるようになったことからすでに抱いていた信念が背景にあった．

　「私に大きな転機をもたらしたのは，敗戦時に体験した飢餓の惨状であった．それまで，繊維や精密機械分野での事業経営にうちこんでいたためか，食に対して特別，深い関心は抱かなかった．一面焼け野原で目にした光景は，私にとって大きなショックだった．うち捨てられた餓死者，その横で食べ物を他人から奪いとる気力もなく，どろんとうるんだ目をかすかにあけてただ死を待つだけの人々，ちっぽけなパンを盗んで逃げおおせずに，袋叩きにあう小さな浮浪児…そうした地獄絵が私の考え方を180度変えたのだ．すべての原点は食の充足にある．空腹が満たされなければ，ものを考える気力もわかないし，他のどんな欲望もおこらない．孔子の教えには，「衣食足って礼節を知る」とあるが，衣はなくとも食が足りれば，礼節は自然と備わるのではないか．順番から言えば「衣食住」ではなく，「食衣住」とおきかえたいくらいだ．事業を再開するに当たっては，「食こそがもっとも価値ある仕事である」と強く心に決めた．食品事業が軌道にのったのち，「食足世平」の四文字に託したが，食が足りて初めて世の中は平らかとなる，といった意味合いである．」[10]

　かつて流れていた日清食品カップヌードルのテレビCMで記憶に残るシーンがある．子供たちが国境のわけ隔てなくカップヌードルを手にとりそれを食べるというシーンである．キャッチフレーズは「NO BORDER」．そこに安藤の積年の思いがこめられているのを感じさせる．

第4節　まとめ

　ここでとりあげた本田宗一郎，盛田昭夫，安藤百福の3人の企業家が海外進出へと向かった原動力を振り返ってみよう．いずれの企業家も海外進出についてそれが国内市場を補うものという単純な考えに基づくものではなかった．いずれのケースも海外進出に際しては大きな壁につきあたった．「小国日本」と位置づけられた終戦直後の時代背景が感じられた．欧米諸国は未知の分野であり，「大国」であった．日本は挑戦者でなければならなかった．このことは今の時代にそぐわないととらえられるかもしれない．果たしてそういえるだろうか．いずれのとりあげた事例も大企業の戦略ではないことに注目してもらいたい．たしかに海外事業を展開するにはそれに応じた投資は必要となる．しかしながら，そもそもの動機に企業の規模は関係ない．ここで取り上げたいずれのケースも創業間もない頃に海外進出を志した中小企業であった．海外進出はある程度の企業規模がないと不可能であると思われがちだが，日本での地位がようやく根付き始めたまもない頃に果敢に海外進出を行った企業があったことを忘れてはならない．すなわち，大企業であることが海外事業展開を可能にするのではなく，海外事業展開が大企業への道をつくるのである．

ケース・スタディ

アフリカ進出における企業者活動：小竹守（コロちゃん）

コロちゃん（株）概要

設立	2000年5月
代表者	小竹　守
事業内容	「コロちゃんのコロッケ屋」のフランチャイズ事業及び店舗経営
資本金	4億9千万円
社員数	正社員80名，パート・アルバイト800名
本社	岐阜県恵那市大井町2711－142

（同社ホームページ http://www.corochan.co.jp/profile.html より）

(株)東海総合企画のFC事業としてアンテナショップを岐阜県恵那市にオープンしたのが96年9月である．97年2月にフランチャイズ1号店を岐阜県真正町にオープンした．

小竹はそれからわずか1年足らずの98年にアフリカへの直営店進出を表明した．実際にアフリカ1号店がケニアに開店したのは2004年3月のことであった．これほどまでに遅れた理由のひとつに社内の猛反対があったからである．1個30円のコロッケを日本でつくり，これを輸送するというプロセスを経たとすればとても採算に見合うものではなかった．じゃがいもを現地生産すれば採算がとれるようになるのではないか．原料のじゃがいも生産からコロッケ製造，販売までを一貫して現地で行う．06年中にケニア・ナイロビにコロッケ製造工場を建設し稼動する．冷凍コロッケを二次製品として輸出することも検討している．

小竹は社内の反対を押し切ってまで困難と思われたアフリカに進出した．そのきっかけはたまたま見たテレビだった．ある医者が「人間は必要最小限のカロリーしか摂取していないと夢をみることもできなくなってしまう」と話していたのを聞いた．以前から「人の役に立つ生き方をする，そういう会社にしよう」ということを会社の理念にしていた小竹はこのとき，「世界には飢えた人がたくさんいる．われわれが少し頑張ればそういう人たちにもコロッケを食べてもらえるかもしれない．そうすれば夢をみることもできるようになるのではないか」と考えた．

☞ 注)

1) Honda社史・50年史Web版（http://www.honda.co.jp/50years‒history/），p. 40
2) Honda社史，p. 44
3) Honda社史，p. 28
4) Honda社史，p. 28
5) Honda社史，p. 25
6) 盛田昭夫・石原慎太郎『「NO」と言える日本』光文社，1989年，pp. 111～112.
7) ソニー株式会社広報センター編『ソニー創立50周年記念誌「GENRYU源流」』ソニー株式会社広報センター，1996年．社史，pp. 71～72. 山田志道は日商ニューヨーク支店勤務（当時），谷川譲は山下新日本汽船ニューヨーク支店勤務（当時）である．
8) 日本工業新聞社編『決断力—そのとき，昭和の経営者たちは—（上）』日本

工業新聞社，2001年，p. 33
 9) 日清食品株式会社社史編纂室編『食足世平―日清食品社史』日清食品株式会社，1992年，p. 264
10) 日清食品株式会社社史，p. 264

参考文献

宮本又郎『日本の近代11　企業家たちの挑戦』中央公論新社，1999年
宮本又郎編『日本をつくった企業家』新書館，2002年
法政大学産業情報センター，宇田川勝編『ケーススタディ・日本の企業家史』文眞堂，2002年
本田宗一郎『本田宗一郎　夢を力に―私の履歴書―』日本経済新聞社，2001年
盛田昭夫・下村満子・E.ラインゴールド著，下村満子訳『MADE IN JAPAN わが体験的国際戦略』朝日新聞社，1987年
安藤百福『魔法のラーメン発明物語―私の履歴書―』日本経済新聞社，2002年
「中小企業国際化支援レポート：ケーススタディ　日本の惣菜＝コロッケを世界のファーストフードに　コロちゃん株式会社」2003年9月（独立行政法人中小企業基盤整備機構 http://www.smrj.go.jp/）
「商業施設新聞：ユニーク商業人列伝　コロちゃん㈱代表取締役社長　小竹守氏　コロッケ1個53円で人を幸せにする商売」2005年9月13日（産業タイムス社 http://www.sangyo-times.co.jp/index.htm）

第4章　グローバル企業の戦略

〈学習のねらい〉

　グローバル企業が直面している市場の急速な変化や，産業のケイパビリティの境界の曖昧性からくる不確実性に対する企業組織戦略として，モジュール化を取り上げる．

　市場の変化が少ない製品において，消費者の求める製品を提供するために，企業は組織内に蓄積されたルーティンとして必要なケイパビリティを獲得し，「アプライアンス」（Langlois 1992, 1995）（すべての必要な機能を提供するひとつの標準化されたパッケージを一緒に提供する製品）として市場に提供する．そうすることで企業は規模の経済を獲得し，消費者の求める製品を安価に提供することが可能である．そのために必要な機能は，

- 必要とするケイパビリティをすでにもっている企業と市場や戦略的提携を通じて協力すること，
- 自分自身でケイパビリティを開発しようとすること，
- ケイパビリティをすでにもっている他の企業を買収しようとすること，

で手に入れることが可能である．

　しかし，市場の変化が迅速で必要なケイパビリティの構築が不可能な産業においては，必要なケイパビリティをもつ企業を買収するという方法をとったとしても，ダイナミックな取引費用が存在するために，すぐにそのケイパビリティを使えるわけではなく，多くの時間とコストが必要となる．

　以下では，取引費用と規模の経済性から，アプライアンスからモジュール化への移行を説明する．さらに，ダイナミックな取引費用と市場の占有可能性から，分権的なモジュール化，集権的なモジュール化への移行の条件を明らかにし，それぞれに対する戦略的意義を説明する．

　モジュール化のケーススタディとして，ソフトウェア開発におけるモジュール・システムとしての LinuxOS 開発におけるオープンソース開発を取り上げ，企業組織戦略としてのモジュール化の有効性を明らかにする．

第1節 はじめに

　かつての産業といわれる枠組が薄れ，これまでまったく関係のない他業種からの市場参入が日常的に行われている．特に，IT（情報テクノロジー）に関連したグローバル企業，スタンダードが自然発生するコンピュータやソフトウェア産業においては，製品やソフトウェアはすべてをひとつの企業で作るのではなく，あるスタンダードの下でそのスタンダードに基づいたモジュール部品をさまざまな企業が個々の判断で開発し，市場に提供している．そうすることで市場における多様な需要の変化に迅速に対応することが可能となっている．

　このような継続的なイノベーションや需要の変化に迅速に対応するためには，どのような経営組織戦略が求められるのだろうか．その答えのひとつが製品のモジュール化によるモジュール・システムであると考える．本章では，ソフトウェア業界におけるソフトウェアのオープン・ソース開発を検討することで，モジュール化された開発がどのような意図で発生し，どのような優位性をもつのかを検討したい．

第2節　新しい経営組織戦略としてのモジュール化

(1) 市場の変化とダイナミックな取引費用

　変化が少ない市場の製品において，消費者の求める製品を提供するために，企業は組織内に蓄積されたルーティンとしての必要なケイパビリティを獲得し，「アプライアンス」(Langlois 1992, 1995)（すべての必要な機能を提供するひとつの標準化されたパッケージを一緒に提供する製品）として市場に提供する．そうすることで企業は規模の経済を獲得し，消費者の求める製品を安価に提供することが可能になる．そのとき企業は必要とするケイパビ

リティへのアクセスを得ることができる3つの方法がある．
　①　必要とするケイパビリティをすでにもっている企業と市場や戦略的提携を通じて協力すること．
　②　自分自身でケイパビリティを開発しようとすること．
　③　ケイパビリティをすでにもっている他の企業を買収しようとすること．

　しかし，市場の変化が迅速で，技術的変化も激しい場合，企業は必要なすべてのケイパビリティを自身で構築することがコスト的に不可能か，あるいはケイパビリティを構築できるとしても時間がかかりすぎるため，早い市場の変化に対応することはできない．

　バーニー（1994）は企業が自身でケイパビリティを作るのにコストがかかる4つの重要な理由を次のようにあげている．
　①　コスト効果的方法でケイパビリティを作る能力は，もう存在しないユニークな歴史的な状況に依存する．
　②　ケイパビリティの創造は「経路依存的」である．
　③　ケイパビリティは社会的に複雑である．
　④　企業がケイパビリティを作るためにとる必要のある行動は完全に知られていない．

　このように必要なすべてのケイパビリティを企業が自身で構築しようとすることは不可能であるか，あるいはコスト的に困難である．特に急速に進化するハイテク産業，なかでもバイオ・テクノロジーやマイクロ・エレクトロニクス，コンピュータ・ソフトウェアにおいて，これらの状況は一般的と考えられる．

　では，上述したような市場の変化が迅速で必要なケイパビリティの構築が不可能な産業において，必要なケイパビリティをもつ企業を買収するという方法は可能であるのか．また，買収することが有効な手段であるのか．
　ラングロア（Langlois, R. N.: 1992, 1995）はケイパビリティとは「組織における特殊なルーティン」であり，そのルーティンを他の組織に教えるこ

と，もしくは共有するには時間がかかりコストがかかるものであるとし，それを「ダイナミックな取引費用（Dynamic Transaction Cost）」と定義している．必要なケイパビリティを獲得するために企業を買収しても，このダイナミックな取引費用が存在するため，すぐにそのケイパビリティを使えるわけではなく，時間とコストが必要となる．そのため，変化の速い市場において必要なケイパビリティをもつ企業を買収するという方法は，競争を制限できる独占的な地位をもっている場合には可能であるが，一般的には有効な手段ではないと考えられる．

(2) モジュール化戦略

では，このように急速な市場の変化に企業が迅速に対応するためにはどのような経営組織戦略が求められるのだろうか．そのひとつが製品のモジュール化によるモジュール・システムであると考える．

モジュール・システムとは，前述の「アプライアンス」の対極にあるコンセプトであり，種々の機能別サブシステムに分解されたネットワークをモジュール・システムとする（Langlois 1992, 1995）．「アプライアンス」からモジュール・システムへの移行は，入手可能なサブシステムの知識を得るための取引費用とサブシステムの組立における規模の経済性によって決定される．部品を調達する取引費用が高く，規模の経済性も高い場合，一般的に製品は「アプライアンス」として市場に提供される．逆に取引費用と規模の経済が低い場合，一般的に製品はモジュール・システムとして提供される（図表4-1参照）．

モジュール・システムには，集権型のものと分権型のものがある．それぞれの代表的な例として，集権型は日本の自動車産業，分権型はコンピュータのハードウェアなどがあてはまる．

集権型の特徴は，中心に調整機能をもつ中核的な組織が存在し，その組織が決定するスタンダード（互換性）にあわせたさまざまな製品・部品を他企

図表4-1　一般的なモジュール・システムへの移行の条件

	規模の経済性 低	規模の経済性 高
取引費用 高		アプライアンス
取引費用 低	モジュール・システム	

出所）筆者作成

業が提供することにある．この場合，中核的な組織の定めるスタンダードに必然的にロックインされることになり，市場において技術的な変化が起きても，そのスタンダードを決定する企業によって市場の進化を抑制されることも考えられる．また，ロックインされた消費者も移行コストが非常に高くなることによってより優れた技術を手に入れるインセンティブを減らされる．

　分権型の特徴は，いくつかのスタンダードの下でさまざまな企業がさまざまな製品を提供することが可能であることにある．ここにおけるスタンダードは，市場において自然発生したものが共有（デファクト・スタンダード）されたり，公的な機関が交渉により決定（デジュリ・スタンダード）したりする．この場合，市場の変化に対して，各企業はそれぞれがもつケイパビリティを利用して参入することが可能であり，共有されたスタンダードを守っていれば新たな技術を採用することを抑制されることはない．消費者にとっても互換性のある限り，それまで投資した製品を無駄にすることなく，新たな技術を採用した製品に対して，その技術的評価だけで購入を決定することが可能である．

(3) モジュール・システムの戦略的意義

　市場の変化が速く，市場にさまざまなケイパビリティをもった企業がいる

図表 4-2　市場変化が速い場合のモジュール・システムへの移行の条件

ダイナミックな取引費用	市場の占有可能性 低	市場の占有可能性 高
高	分権的モジュール・システム	アプライアンス
低	単機能製品	集権的モジュール・システム

出所）筆者作成

場合，前節で述べたモジュール・システムに移行する条件は図表 4-1 だけではなく，さらに複雑になると考えられる（図表 4-2 参照）．

　市場の変化が速い場合，前述したようにダイナミックな取引費用は高くなる．同時にスタンダードをひとつの企業で構築しようとすることは非常に困難であり，リスクも大きい．このことが企業の垂直統合や合併をむずかしくし，アプライアンスによる製品の提供から分権的なモジュール・システムに移行するきっかけとなる．それと対照的に，すでに企業がスタンダードを所有している場合，市場の占有可能性は高い．また補完財を提供する企業や消費者はスタンダードに必然的にロックインされているため，独占企業は市場の進化をコントロールすることが可能であり，ダイナミックな取引費用も相対的に低くなると考えられる．アプライアンスではなく集権的モジュール・システムで製品を提供するのはさまざまな補完財の提供のためである．また，ネットワーク化と情報化の進展による情報費用などの低下は，マッチングコスト（必要な人材や取引相手をみつけるコスト）の低下を導き，製品や組織形態の多様化と同時に多様な消費者を生み出す．ネットワークの進展によるマッチングコストの低下は，以前より容易に規模の経済性を獲得できることを意味すると同時に，以前はとても製品にならなかったような特殊な製品でも成立する可能性が非常に高くなる．このことが消費者の多様性を生

み，またそれに対応する特殊なケイパビリティをもつ多様な企業を生み出すと考えられる．

このように変化の速い市場において，集権的・分権的モジュール・システムにすることによる戦略的意義はいくつかあげることができる．ある規格をもちその規格をひとつの企業でスタンダードにすることができる場合には，集権的なモジュール・システムを形成することで，市場の急速な変化に対応し，かつ消費者が必要とする多くの製品を自分の資源を使うことなく提供することができる．

たとえば，ソフトウェアのビジネスによっては，スタンダードの所有を前提としているものもある．このようなビジネスを営む企業は，自らの所有するスタンダードの使用に対して料金を請求することができる．彼らは，インストールごとに使用料を請求したり，ユーザ数に応じて使用料を請求したり，あるいは他の方式で請求したりする．スタンダードは，著作権によって保護されていることもある．しかし，技術的，または技術的以外の理由での進化が急すぎて，開発者や提供者がスタンダードの整備にまで手が回らない場合，その中核的な企業は進化を抑制する可能性が存在する．これはスタンダードを決定する中核的な企業にとっては有効な戦略であるが，その技術に対してケイパビリティをもつ企業や消費者にとっては望まれない戦略である．

それに対して，市場の不確実性が高く，どの技術が今後有望な技術なのか事前には認識できない場合，分権的なモジュール・システムを採用することで多くの優位性を獲得できる．分権的なモジュール・システムは共有されたスタンダードが存在するため，ダイナミックな取引費用を削減できる．新たなケイパビリティをもった企業は新たなアイデアで市場に参入することが容易であり，より多くの学習プロセスが同時並行的に行われる．そのため市場は集権的なモジュール・システムを作る場合よりもより速い技術的な進化が可能であると考えられる．と同時に，参加企業はその市場を占有しようとす

るよりも結果として市場の成長によって，より大きな成功を得ることも可能である．消費者の視点からみれば，容易に自分の要求にあった製品を購入することが可能になり，より多くのネットワーク外部性（財，サービスの効用がその財サービス自身の使用価値だけでなく，同じ財を他人がどれだけ利用するかに依存する）といわれる外部効果も得ることが可能になり，新しい技術を入手するために過去の投資を無駄にするのを最小限に抑えることも可能となる．

第3節　モジュール化戦略のケース・スタディ

(1) ソフトウェア開発におけるモジュール・システム

　これまで分権的なモジュール・システムはコンピュータ・ハードウェアやステレオシステムなどハードウェアにおいて一般的であった．しかし，大規模なソフトウェア・システム開発においては行われてこなかった．その理由は複雑で多くの機能をもったソフトウェアの場合，同時にいくつかのモジュールを同時並行的に操作可能である必要があり，その機能をコントロールするためには，集権的に調整を行う機関が必要であるとされていたからである．その一方で，オブジェクト指向のプログラミング言語などの面からソフトウェア開発のモジュール化は進められてきた．

　現在，ソフトウェア業界で新たな開発手法として注目されるオープンソース開発は，1960年代からのコンピュータ利用者間の文化から生まれた開発手法である．このオープンソース開発手法を用いて開発された代表的なソフトウェアが，ネットワークOSのLinuxである．

　インターネットの普及とほぼ同時に登場したLinuxは，1991年にLinus Torvalds氏のニュースグループでの呼びかけによって始まり，現在も開発が継続されている．初期におけるLinuxの開発はLinus氏を中心に行われたが，それ以降はバージョンの管理とOSの基本的なモジュールのみLinus

図表4-3　Linuxのアップグレード回数

バージョン	リリース数	期間
0.01〜0.97	8	91.2〜92.7
0.99	13	92.7〜94.3
1.0	10	94.3〜94.4
1.1	36	94.4〜95.3
1.2	14	95.3〜95.5
1.3	113	95.5〜96.5
2.0	38	96.6〜96.7
2.1	140	96.9〜98.4

出所）Linux公開資料より筆者作成

が管理者として働き，それ以外のプロジェクトは個々のプロジェクト・リーダーによって管理され，それぞれの目標で開発されている．

(2) Linuxの開発の特徴

　Linux開発の最大の特徴は，インターネットを利用している多くの開発者のコミュニティを巻き込んだ開発手法にある．Linuxが登場するまで，OSのような複雑なソフトウェアは，少人数でプロジェクト・グループを作り，そのグループ内で慎重な協力体制を維持しながら開発するものと考えられていた．つまり，集権的な組織形態か集権的なモジュール・システムで開発されるものと考えられていた．しかし，Linuxの開発は，初期の段階から，大勢のボランティアの開発者たちがインターネット上でコミュニケーションをとりながら共同作業する形で進められていった．

　LinuxのOSとしての品質の進化は，アップデートをきわめて頻繁に行うことで，加速度的に速まったと考えられる（図表4-3参照）．多くの人間が個々の能力のもとに開発に参加し，その結果を頻繁にフィードバックすることは，進化のプロセスを商用ソフトウェアとは比較にならない速さで繰り返

すことを可能とした．また，無償で働く開発者たちは，自分の提供した能力と入手できる結果を比較することで，協調関係の有効性を確認することを容易にし，その協調関係を維持可能なものにしたと考えられる．

(3) Linux の生産コストとオープンソース開発

インターネットを中心とするネットワークの普及により，ソフトウェアなどの製品において間接費用（製品の複製，配布のコストなど）がいちじるしく低下している．これが規模の経済性の効果を低くすると考えられる．

Linux の開発において，ソフトウェア配布に必要な ftp のスペースやコミュニケーションの手段となるメーリングリストやニュースグループは，インターネット上にある Linux のユーザーグループなどのサーバー上に提供されている．このサーバーの多くは，Linux に関係する企業が無償で提供している場合が多い．また開発するためのプログラムも Linux と同様に無料で利用することができる．また，さらに使いやすい Linux 用開発ソフトウェアを提供するために Intel や IBM，シリコングラフィックスなどの企業がコンソーシアムを組んでオープンソースでソフトウェア開発を始めることが決まっている．そのためソフトウェアの生産コストのほとんどは，開発者の能力と時間のコストだけである．

無料で使える OS ということで非常に注目を集める Linux であるが，それを可能にしたのはオープンソースというソフトウェアの開発手法である．

オープンソースの開発では，ユーザーに主に次のような権利が保障されている．

① プログラムのコピーを自由に作り，それを配布する権利
② ソフトウェアのソースコードを入手する権利
③ プログラムを改良する権利

（ただし，注：オープンソースにはさまざまなライセンス形態があり，そのライセンスによってさまざまな制限が付く場合がある．）

つまり，すべての企業，開発者，ユーザーに対してスタンダードを公表し，その改良も可能である分権化され，モジュール化されたソフトウェア開発手法であるといえる．

(4) Linux 開発におけるモジュール化戦略

では，Linux におけるモジュール化はどのように行われたのであろうか．初期の Linux は Intel の386という CPU が使われているパーソナル・コンピュータ用の OS として開発された．しかしすぐに他の CPU でも使いたい人たちが現れ，他の CPU でも動く Linux の開発が進められるようになる．

DEC の Alpha という CPU への移植作業を1993年に開始し，ほぼ1年がかりで，基本部分のほとんどを移植するのに成功している．これは，Linus 氏が最初に取り組んだ，Linux カーネルのインテル以外の CPU への移植作業であった．この作業によって設計の基本方針がある程度できあがり，他のアーキテクチャへの移植が容易に可能になったと考えられる．それ以後，さまざまな CPU に Linux は開発者の手で移植されることになり，現在は10以上の CPU に移植されている．

また Intel の主要 CPU である IA-64に対する移植も進んだ．Trillian といわれるこのプロジェクトは，初期の段階，参加企業の米ヒューレット・パッカード（HP），米 IBM，インテル，米 SGI，米 VA リヌクス・システムズの5社と，米カルデラ・システムズ，米レッドハット，独 SuSE，米ターボリナックスの Linux ディストリビュータ4社，そして CERN（欧州核物理学研究所）の合計9社1団体の間で，オープンソースと同様の手法で開発され，現在は参加が自由なオープンソースとして開発されている．本来なら競合する企業による共同開発であったが，現在のところ順調に進んでおり，IA-64に対する最初の OS のひとつとなった．

Linux のシステムは図表4-4のようになっており，Linus 氏は全体の構成を監視しながらも，基本的にはセントラル・カーネルの部分の開発だけに

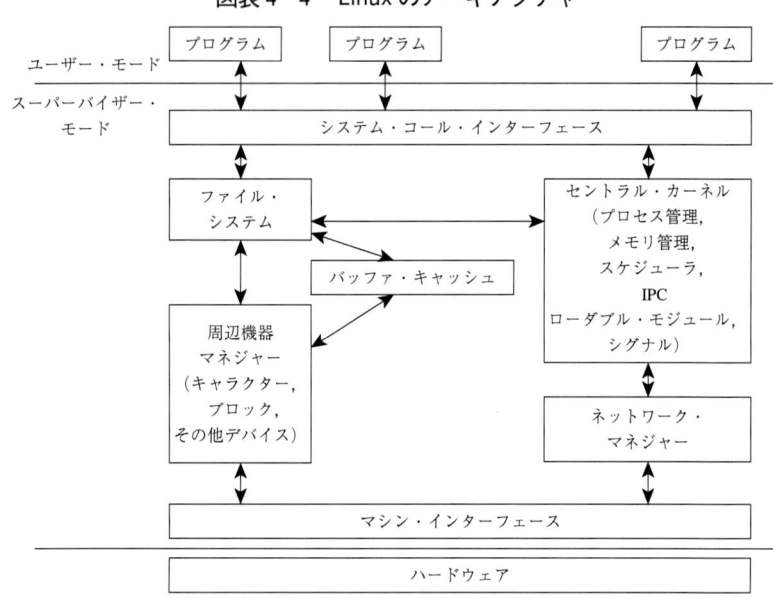

図表4-4　Linuxのアーキテクチャ

```
ユーザー・モード        [プログラム]    [プログラム]         [プログラム]
─────────────────────────────────────────────────────────────
スーパーバイザー・
モード              [    システム・コール・インターフェース    ]

                    ┌──────────┐              ┌──────────────┐
                    │ファイル・ │              │セントラル・  │
                    │システム   │←─────────→ │カーネル      │
                    └──────────┘              │(プロセス管理,│
                         ↕                    │ メモリ管理,  │
                    ┌──────────┐              │ スケジューラ,│
                    │バッファ・│              │ IPC          │
                    │キャッシュ│              │ ローダブル・ │
                    └──────────┘              │ モジュール,  │
                         ↕                    │ シグナル)    │
                    ┌──────────┐              └──────────────┘
                    │周辺機器  │                     ↕
                    │マネジャー│              ┌──────────────┐
                    │(キャラクター,│          │ネットワーク・│
                    │ ブロック,│              │マネジャー    │
                    │ その他デバイス)│        └──────────────┘
                    └──────────┘

                    [      マシン・インターフェース      ]
                    [           ハードウェア           ]
```

出所）筆者作成

携わっている．他のファイルシステムや周辺機器マネジャーなどのサブシステムはそれぞれの開発責任者に任されている．Linus氏はOSのモジュール化に対して「Linuxの移植性へのアプローチは，開発者コミュニティにとってもよいものであった．移植性を高めるために決定したことが，私の管理すべき範囲をせばめるとともに，多数の人びとが同時にLinuxのさまざまな部分に取り組むことを可能にしたからである．また，基本的なアーキテクチャをはっきりさせたうえでLinuxの開発に取り組んだことで，私はどのようなカーネル（OSのコアとなる部分）の変更が問題になるかがわかった．個々のCPU用に別々のソースコードを維持する必要もなくなった．したがって，大勢の人がLinuxの開発に取り組んでいても，コアカーネルがどうなっているかを私は常に掌握していられる．しかも，カーネルがモジュール化されていることによって，プログラマーたちは，本来独立したものであるべき各モジュールの開発に別個に取り組むことができる」(http://bizit.nikkeibp.co.jp/it/linux/opensource/chapter08/chapter08.html）と述べている．これからわかるように，Linux 開発のモジュール化のきっかけは個人の能力の限界から生まれたものと考えられ，その有効性はモジュール化がうまくいってはじめて認識したことがうかがえる．

（5）Linux におけるモジュール化戦略の成功

　なぜ，Linux 開発において分権型のモジュール・システムでの開発が可能になったのだろうか．その理由は前述してきたように，① Linus 氏が Linux のサブ・システムを初期の段階で区別しそのサブシステム間の互換性を設定し，オープンソース開発手法のもつ特徴であるスタンダードが公開され，インターネットが爆発的に普及したことにより開発参加者がサブシステムについての知識を得るための取引費用がいちじるしく低下したこと，②インターネットの普及によりマッチングコストが低下し，より容易に規模の経済性を得ることが可能になったこと，③ インターネットの普及により OS 開発に必要となるケイパビリティが増大し，そのケイパビリティを獲得するためのダイナミックな取引費用が増大したこと，④ 急速な市場の変化や複雑性の増大によりひとつの企業でスタンダードを構築することが困難になっていることと同時に，Linux においては無償の OS として開発されていることによって市場を占有しようというインセンティブは存在しないことによって，Linux におけるモジュール化戦略は成功したと考えられる（図表 4‐5 参照）．

　次に，環境的な要因と初期の開発者ネットワークを構築できた理由を考察すると，

① 新市場の創出とネットワークの爆発的な成長
　Linux の開発が始まった1991年以前にもいくつかのパーソナルコンピュータ用 UNIX 互換 OS が存在したが，互換性のないさまざまなバージョンへ

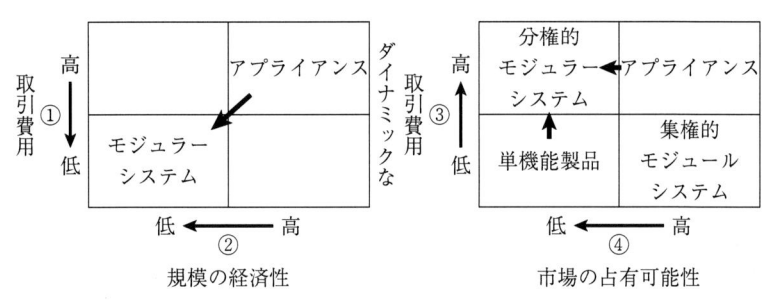

図表4-5　Linux開発におけるモジュラー・システムへの移行

```
          高                                  高  分権的
  取                  アプライアンス    取      モジュラー ← アプライアンス
  引  ①                              引  ③  システム
  費                ↙                費          ↑              集権的
  用  低  モジュラー                  用  低   単機能製品        モジュール
         システム                                                システム
          低  ←   高                       低  ←   高
                ②                                ④
          規模の経済性                     市場の占有可能性
```

出所）筆者作成

の分裂などによりその多くは80年代までに消滅していった．そこで開発に参加していた開発者やユーザの多くがLinuxに移行してきたと考えられる．

また1990年代に入るとインターネットの商用利用が本格的に始まり，それまでスタンドアローンで使われていたコンピュータがネットワークのクライアント・サーバーとしての機能が必要されるようになった．それまでネットワーク接続を考えて作られていなかったWindowsをはじめとする商用OSに対して，元々ネットワークに強いUNIXの流れを汲むLinuxは初期の段階からインターネットのクライアント・サーバーとしての機能をもっていた．インターネットが爆発的に成長しネットワークの機能の重要性が増すにつれ，ネットワークのクライアント・サーバーの機能をもつ安価なOSとしてLinuxは個人や中小のインターネット・プロバイダー，企業などから重要視されるようになった．マイクロソフトなどがインターネットに本気で取り組み出すのは1995年以降である．それまでの間にLinuxの開発者とユーザーのネットワークは初期の維持可能なサイズを超えることが可能であったと考えられる．

② UNIXとシステムコール・レベルでの互換性

クライアント・サーバーシステムを基本に設計されているUNIXは元来ネットワークに強く，多くの大学の研究室などで使われていた．インターネ

ットの普及とともにインターネット・プロバイダーといわれる企業が多く生まれることになるが，そこで使われたサーバーの多くは UNIX であった．しかし，UNIX はパーソナルコンピュータと比較すると高価なものであり，より安価なシステムの需要が増大した．プロバイダーで働く人の多くが大学時代に UNIX を使ったことがあり，システムコール・レベルで互換性をもつ Linux に移行するのにそれほど多くのコスト（スイッチングコスト）を必要としなかったため，Linux の初期採用者の獲得を容易にしたと考えられる．

③　開発参加者，ユーザー数の増加

上述した①と②の理由により比較的早い段階で開発者のネットワークを構築でき，初期の段階でネットワークに対応していたことにより，一般的なアプリケーションは少ないが，ネットワーク関係の多くのアプリケーションを利用可能であったことで，ネットワーク外部性といわれる外部効果をネットワークの機能を必要とする Linux 開発者やユーザーは他の OS と比較して多く得ることが可能であったと考えられる．このことが，さらに多くのアプリケーションと開発者とユーザーの獲得を可能にした．

このように Linux 開発においては，いくつかの戦略的選択と偶然の環境の変化によりモジュール・システムによる開発が可能になったと考えられる．

第4節　まとめ

今までの組織形態や戦略の多くは企業側からのアプローチであり，消費者側の視点に立ち，組織形態や戦略を形成することはほとんどなかった．しかし，市場の急速な変化とネットワーク化された社会の登場により，取引費用の低下やネットワーク外部性の外部効果が増大している．このことによって，消費者側の視点に立ち，組織形態や戦略を形成することが必要となり，

またそれが企業の合理的な戦略として成立する状況が生まれてきていると考えられる．

参考文献

浅羽　茂『競争と協力の戦略：業界標準をめぐる企業行動』有斐閣，1995年

浅羽　茂「競争と協力：技術戦略における競争と協調」『組織科学』組織学会，1998年

Barney, Jay B., "How a Firm's Capabilities Affect Boundary Decisions" *Sloan Management Review,* Spring, 1999.

Daft, R. and A. Y. Lewin, 'Where are the theories of the "new" Organizational forms? An editiorial essay', *Organization Science,* 4(4), 1993, pp. i-vi.

エリック・レイモンド著『伽藍とバザール』光芒社，1999年

依田高典・廣瀬弘毅「ネットワーク外部性とシステム互換性」『経済論叢』京都大学経済学会，1995年

今井賢一編著『ソフトウェア進化論』NTT出版，1989年

川崎和哉編著『オープンソースワールド』翔泳社，2000年

國領二郎「ネットワーク上における「無償デジタル財」との競争」『慶応経営論集』慶應義塾経営管理学会，1999年

Langlois, Richard N. and Paul L.Robertson, "Networks and Innovation in a Modular System : Lesson from Microcomputer and Stereo Component Industries", *Research Policy 21,* 1992, pp. 297-313.

Langlois, Richard N. and Paul L. Robertson, *Firms, Markets and Economic Change : A Dynamic Theory of Business Institutions*, Routledge, 1995.

松原　敦『最新パソコンOS技法』日経BP，1999年

奥野正寛「情報化と新しい経済組織の可能性」『市場の役割　国家の役割』東洋経済新聞社，1999年

Saanchez, ron and Mahoney, Joseph T. MODULARITY, FLEXIBILITY, AND KNOULEDGE MANAGEMENT IN PRODUCT AND ORGANIZATION DESIGN Strategic Management Journal Vol. 17, 1996, pp.63-76

柴田　高「技術規格の業界標準化プロセス」『慶応経営論集』慶應義塾経営管理学会，1998年

丹沢安治「進化する企業組織形態「アウトソーシング」における自生とデザイン」『専修経営学論集』第66号，1998年

丹沢安治「ロックインとパスディペンデンス」http://www.senshu-u.ac.jp/?thm0175/lockin.pdf

各図表は，すでに公開されているHP，資料より筆者が独自に作成した．

第 5 章　グローバル企業の組織

〈学習のねらい〉

　本章では，組織の基本形態である「機能別組織」「事業部制組織」「マトリックス組織」の理解を通じ，組織として高度に発展した段階にあるグローバル企業の組織について学ぶ．どのような組織形態であろうとも，長短がある．したがって，企業の国際事業展開の度合いに適した組織が構築される．企業がはじめて海外に進出してからグローバル組織として存在感をもつまでのプロセスには多くの組織改革がなされている．果たして究極のグローバル企業の組織は存在するのであろうか．

第1節　組織研究の枠組み

　経営史家チャンドラーは，アメリカ企業（GM，デュポンなど）の歴史的発展過程に関する実態調査を行い，その著『組織は戦略に従う』において，以下のような有名な命題を示している（chandler 1962）．
・組織は戦略に従う（構造は企業の成長戦略に従う）．
・米国企業の戦略と組織の間の関係には，段階的な発展の順序が存在する．
　すなわち，単一職能制から職能部門制さらに事業部制組織へという発展段階である．

　これらの命題をベースに，戦略論，組織論の分野で多くの実証研究が行われた．そしてこれらの命題は精緻化され，拡張されていったのであり，（浅川　2003）．特に，今日のグローバル企業に関する研究においても出発点となる命題であろう．

　組織に関する研究は，巨視的な観点と微視的な観点からそれぞれアプローチされてきたといえる．すなわち，組織の構造を対象とするマクロの組織論と，組織の構成単位である個人や集団を対象とするミクロの組織論という2つである．

　グローバル企業の組織は高度に発展した構造をもつことが推察される．ただし，組織の基本原則から大きく外れるというわけではない．したがって，以下では組織の基本原則をふまえながら，マクロの組織論としてグローバル企業の組織を考察していく．グローバルな観点から組織について考えるという点においてもマクロのアプローチになるだろう．

第 2 節　組織の基本形態とグローバル企業

　ここで，いくつかの基本原理を確認していきたい．企業は何をしているのか．原初的には「モノをつくって，モノを売る」活動を行っているわけであるが，その活動を支える仕組みとして組織がある．そこには「分業と調整のメカニズム」がある．組織の目的を効率的に達成するために目的を細分化し，分業が行われ，専門化が進むと，それらを調整する必要性が生じてくる．組織としての成り立ちである．「組織の骨格」が出来上がってくる．これは，一般的に3つに分類されることが多い[1]．「機能別組織」「事業部制組織」「マトリックス組織」である．以下，概略をみながら，それぞれの形態を有するグローバル企業についてもふれていこう．

(1) 機能別組織 (functionalized organization)

　組織は，単一の機能を遂行する単純な構造からはじまるのが一般的である．その後，規模が大きくなることによって機能別組織へと進化する．分業によって細分化された作業が部門化されるのである．機能別組織は職能別組織ともよばれるとおり，「生産」「販売」「研究開発」「人事」「財務」などというような職能別・部門別に構成されるわけである．少数事業の経営に向く集権的な組織である．そこでは，分業の原理に基づき徹底した効率性が追求される．

　この形態は，自動車業，鉄道業，セメント業，石油業，繊維業等に多くみられる．日本のグローバル製薬企業の草分けといえる「武田薬品工業」は，事業部門および本社部門の各機能において，グローバルな業務運営標準を定め，海外関係会社と本社の連携の強化を推進している．これはグローバル機能別組織の例といえるだろう．

(2) 事業部制組織 (divisionalized organization)

　部門化は，職能別だけに限らず，目的別にもなされる．製品やサービス，地理，顧客別などにも分けられる．これは事業部制組織の成立につながる．製品別に事業部がつくられていけば，その全体は，製品別事業部制組織となるわけである．そして，それぞれが目的の達成に向けて必要になる機能をすべて備えており，分権的な構造である．

　歴史的には，「デュポン」と「ゼネラル・モーターズ」が1920年代初めに，「スタンダード石油（ニュージャージ）」が1925年に，「シアーズ・ローバック」が1929年に事業部制への組織再編成に着手した．この4社が最初に事業部制を生み出した会社といわれる．これらは，先に紹介したチャンドラーによる事例研究から明らかにされた．たとえば火薬・爆薬メーカーであったデュポンは，第1次世界大戦後，火薬・爆薬の需要の減少を予想し，化学製品の多角化を目指した．工場が複数の地域にまたがり，また流通経路も複雑になるにつれ，機能別組織では対応しきれなくなった．そして，事業部制組織を導入するに到ったのである．「事業の規模」および「範囲の拡大」は，企業に事業部制組織への移行を促すことになるのである．この形態が多くみられるのは，家電業，化学業，貿易業，大規模小売店業，保険業等である．また，グローバルな事業部制は製品別事業部制や地域別事業部制として多数存在する．

　一般に，「組織」と聞いて思い当たり，組織図として示されるのは以上の2つである．

(3) マトリックス組織 (matrix organization)

　最近では，「マトリックス（matrix）」と聞くとき，映画『マトリックス』を思い出す人が多いだろう．マトリックス（あるいはマトリクスと表記される）という言葉によって非常に多くのものが表現されているが，企業組織の構造を示すマトリックスとは二重（多重）構造のことをいう．しばしば官庁

組織が「縦割り」といわれるが，縦だけではなく横にも調整やコミュニケーションの軸をいれたものがマトリックス組織である．

そもそもマトリックス組織が考え出された目的は，事業部制の欠点を補うことであった．事業部制では事業軸は強くなるものの，相対的に機能軸が弱くなってしまう．したがって，共通に利用可能な資源があるにもかかわらず，重複的に投資が行われて非効率になる可能性がある．そこで機能別組織と事業部制のそれぞれの長所を同時に取り入れ，全社的な効率と事業の独立性を同時に追求しようとしたのである．しかしながら，いわゆるツーボス体制によって命令系統が2つになるため，権限関係やコミュニケーションラインが複雑になるという欠点も同時に存在する．したがって，防衛産業，航空機産業，重工業，建設業，精密機械業等にみられるものの，失敗の事例も多い．日本では三菱重工業などでも同様の構造が採用されてきたことは有名である．この形態のグローバル企業，すなわち「グローバル・マトリックス」については，第3節においてもふれる．

第3節　グローバル企業の最適組織を求めて

(1) 組織形態の長所と短所——グローバル企業の組織の変遷

以上までにみてきたとおり，それぞれの形態には長所と短所がある．その点で事業部制組織を基本とするものの，工夫を凝らした組織形態が今日のグローバル企業の組織の変遷史にもみられる．日本を代表するグローバル企業「ソニー」と「松下電器産業」を取り上げる．

ひとつは，1994年にソニーが組織変更を行った際に命名された「カンパニー制」である．全社組織が主要製品ごとに8つのカンパニーに分けられ，それぞれにプレジデントを配することにより，各カンパニーの独立採算制を強化しようとするものであった．その後，1996年，1999年とカンパニー制の改革は続いた．ソニーの組織再編の動向後，三菱化学，旭化学をはじめ，三菱商

事，住友商事，それに日立製作所等が，擬似的ながらもカンパニー制組織を導入してきたことによって名称は定着した．

そして，松下の場合は，1930年代には，工場を主体にして，製品ごとにプロフィット・センターとして事業部を編成するという，分権化した事業部制をあみ出していた．1984年の松下電器本部制（テレビ，ビデオ，音響，電化）は，実質最初のカンパニー制であったともいわれている．

しかしながら，ソニーは2005年9月，カンパニー制を廃止し，事業本部を中心とした組織に再編した．最近になって，ソニーばかりでなく，続々と廃止されてきている．カンパニー制が単なる持株会社への移行段階であったともいえるが，カンパニー制の成功も容易ではなかったわけである．成功が容易ではない理由としては，「形式上カンパニー社長という名前はついているけれども，実際には形だけであって，本体の社長が事業をコントロールすることになってしまう」「それぞれのカンパニーがばらばらになってしまって，それぞれ何が何だか分からなくなり，企業全体としての強みが発揮できなくなってしまう」等が考えられる（新原　2006）．

(2) グローバル企業の組織の基本的問題

以上の組織変遷の例をみていえるのは，「分化と統合」の問題である．言い換えれば，「分権化」と「集権化」のあいだを揺れ動いてきた．もちろん，すべてのカンパニー制が取りやめられたわけではない．たとえば，「旭硝子」はグローバルなカンパニー制を採用し続けている．

事業部制の興隆から現在の各種の分権型組織に至るまで，厳然として存在する問題は，事業部制研究の初期段階から指摘されている．すなわち，事業部制は，会社を分割すると同時に，分割されたものの総合的統一をどのようにしてはかるかという根本的な問題である．この分化と統合という点では，グローバル企業の組織においては，ローカルに根付き，グローバルに統合することが可能な組織，あるいはローカルな特殊性とグローバルな普遍性に対

応した組織はどのようなものか明らかにしていかなければならないだろう．

以上，組織の基本形態とその改良形態であるカンパニー制をみてきたが，グローバル企業の組織に特有の問題を考えていくと，場合によっては，さらに複雑な組織をとる必要も出てきそうである．もちろん，これらも3つの分類のいずれかのバージョン違いといってもよいが，それぞれの形態にねらいがあるはずである．

いかなる組織形態を選択ないし設計するかは，組織のおかれた状況や環境，経営戦略によって異なる．特にグローバル化という状況を前提としたとき，どのような組織形態が選択されるのだろうか．以下では，多国籍企業組織論として定説となっている組織形態についてみていこう．

(3) 多国籍企業組織論

今日のようにグローバル化が当然となる以前から，国境を越えた経営活動を行う企業の組織研究は行われていた．それは，多国籍企業組織論とよばれる分野である．さきに取り上げたチャンドラーの研究以降では，ストップフォードとウェルズ（1972）の発展段階モデルが有名である．それは，国際事業展開の度合いに応じて新たな組織形態の構築が行われるというものである．横軸に総売上高に占める海外販売の割合が高まり，縦軸に海外販売の割合が高まるとき，グローバル企業は国際事業部から地域事業部へ移行する．相対的に海外向け製品の多角化が高まるとき，国際事業部から世界的製品事業部へ移行する．さらに総売上高に占める海外販売の割合および海外向け製品の多角化が高まるとき，グローバル企業は「グローバル・マトリックス」の段階へ達するのである．

グローバル・マトリックスの事例として頻繁に取り上げられてきたのはABB（アセア・ブラウン・ボベリ）社である．日本のグローバル企業では，ホンダが1994年より「地域本部」と「事業本部」から成るマトリックス運営体制を採用している．世界の事業を「日本」「北米地域」「南米」「欧州地域」

「アジア・大洋州」「中国」の6つの地域に分け，商品戦略，生産・販売計画，投資計画などの事業戦略立案について，各地域本部への大幅な権限委譲を行う一方，「四輪事業」「二輪事業」「汎用事業」「部品事業」といった各事業本部が，製品を軸とした世界最適経営のための企画・調整を横断的に行っているのである．

(4) マトリックス以後のグローバル組織モデル

グローバル・マトリックスは，発展の到達段階とされるものの，マトリックス組織がもつ問題は多い．したがって，新たなモデルが示されてきた．バートレットとゴシャール (1989) は，トランスナショナル (Transnational) というグローバル企業の進化モデルを提唱した．これはグローバル企業をグローバル統合へ向かう力と国別対応へ向かう力の2軸から類型化したものである．すなわち，グローバルな規模の経済を追求する「グローバル組織」，現地環境への適応を志向する「マルチナショナル組織」，これら2つの中間である「インターナショナル組織」である．そして最終的な理想型として，本社と海外子会社で双方向グローバル調整を行うのが「トランスナショナル組織」であるとした．

それぞれの組織の特徴は図表5-1のとおりである．彼らが取り上げた日本企業3社（花王，松下電器産業，NEC）は，グローバル組織とされている．ここでいうグローバル組織とは，以下のような特徴をもつものである．重要な戦略的決定は，本国親会社で下される．また，重要な経営資源の大部分が本国親会社にある．本国親会社には日常の経営活動に関して，海外子会社に強いコントロールを行使する．さらに，中心は本国親会社であり，海外子会社は周辺であるという考え方が，本国親会社の経営幹部にみられる．海外子会社は本国親会社の製品や経営資源を各国に流すためのパイプラインとしてみられる傾向にあるのである．

バートレットとゴシャールの「トランスナショナル」は現在の研究にも大

figure 5-1 マルチナショナル企業，グローバル企業，インターナショナル企業，トランスナショナル企業の組織の特徴

組織の特徴	マルティナショナル企業	グローバル企業	インターナショナル企業	トランスナショナル企業
権力と組織力の構成	分散型 海外子会社は自立している	中央集権型 グローバル規模	能力の中枢部は中央に集中させ他は分散させる	分散，相互依存，専門化
海外事業が果たす役割	現地の好機を感じ取って利用する	親会社の戦略を実行する	親会社の能力を適応させ活用する	海外の組織単位ごとに役割を別けて世界的経営を統合する
知識の開発と普及	各組織単位内で知識を開発して保有する	中央で知識を開発して保有する	中央で知識を開発し海外の組織単位に移転する	共同で知識を開発し，世界中で分かち合う

出所）Bartlett, C. A. and Ghoshal S., *Managing Across Borders : The Transnational Solutions*, Harvard Business School Press, 1989.（吉原英樹監訳『地球市場時代の企業戦略―トランスナショナル・マネジメントの構築』日本経済新聞社，1990年）

きな影響がある．これ以外にも新たなモデルが示されているが，実際上の組織設計に決定的な影響力をもつものは少ない．今後，世界がどのように動くのか，グローバル企業の存在そのものはどのように展開していくのか，現実の動向に目を向けることがグローバル企業の組織を理解する鍵である．

第4節　まとめ

多くのグローバル企業は発展段階を通じ，組織設計に関する多大な努力をはらっている．「組織が生き残り発達するにつれて，権力関係が拡散し，機能が複雑になり，意図があいまいになり，そして終局的に業績機能が低下するが，皮肉にも外観はむしろ安定化する」（Mintzberg 1991）というような組織のライフサイクルの終局を回避しなければならないからである．いわば，「権力関係は分散するものの拡散することはなく，機能は単純化する．意図が明確でさえあれば，外観は一見，不安定そのものであってもかまわない」

という死滅する組織のまったく逆をいくものが仮説モデルとして構想されよう．

　冒頭において「組織の骨格」と表現した．組織形態いかんでその経営成果にも差が出てくるのであり，組み立て方次第，というわけである．企業のグローバル化のためにどのような組織形態をとるかが大きな鍵のひとつだからである．しかしながら，唯一絶対のグローバル組織があるわけではなく，骨格だけが一人歩きしていても，何の成果も得られないことは明らかである．すなわち，組織の骨格に対して血肉ともいえる「ヒト」という経営資源によって成果が違ってくるからである．この点については次章で考察していく．

ケース・スタディ

キヤノン『グローバル優良企業グループ構想』における組織改革

　キヤノン中興の祖といわれる賀来龍三郎は，1977年に社長に就任し，事務機やカメラなどの事業ごとに独立性の高い組織を作り，部門ごとの責任体制を明確にする組織改革を断行した．『優良企業構想』のもとに事業部制が導入されたのである．このため，多角化と事業部制が非常にうまく機能し，新製品開発や事業拡大の大きな原動力になった．

　しかし，現会長の御手洗冨士夫が1989年にアメリカから帰国したときには，事業部制の独立性が非常に強くなり，それぞれの事業利益が最優先され，会社全体の利益が見えにくくなっていた．事業部が独立企業のような形態になり，膨大な無駄も発生した．たとえば，ある事業部はマレーシアに進出し，別の事業部は中国にする．中国国内でも事業部ごとに進出する場所が違う，といった具合である．海外投資に関して，それが全社的視点で徹底的に議論されることはほとんどなく，どちらかというと事業部別，子会社別に決められていたのである．

　御手洗冨士夫は，社長就任直後の1996年に『グローバル優良企業グループ構想』を発表した．そして，部分最適から全体最適，つまり事業部最適からキヤノン全体としての利益最優先という考え方を徹底的に説いたのである．組織についての解決すべき課題は「行き過ぎた事業部制による求心力の喪失」だったからである．

　縦割り構造の原因となっていた事業部間の厚い壁は，1998年に設けられた全役員を頂点とする全社的クロスファンクショナルチーム「経営革新委員会」によって打破された．マトリックスの形態を採用したわけである．同委員会の下

では，ある事業本部長が全社の開発システムの委員長，別の事業本部長が生産・物流システムの委員長といった具合に，縦部門のトップが横断的委員会のトップを兼務することによって「互いに自分の部門が協力しないと，他部門からも協力してもらえない仕組み」となったのである．3カ月ほど経って成果が現れ始めると，その後は成果の競い合いが生じ，一気に加速していったのである．組織の「形」を変えること自体が改革ではない．いかにしてキヤノン全体を考える経営陣をつくるかという問題の「本質」から入り，その問題の本質を解決するひとつの手段として組織の「形」を考えたのである．

キヤノンの生産拠点と販売拠点は，日本はもとより，北米，中南米，欧州，中東，アジア，オセアニア，アフリカの五大陸すべてに分布している．2006年，『グローバル優良企業グループ構想』フェーズⅢがスタート，多角化による業容の拡大と日米欧の世界三極体制の強化が続いている．

☞ 注）
1) たとえばミンツバーグの場合，7つの「コンフィギュレーション configuration」（企業家的組織，機械的組織，専門職業的組織，多角的組織，革新的組織，伝道的組織，政治的組織）としている．

✎ 参考文献 ✎
浅川和宏『グローバル経営入門』日本経済新聞社，2003年
坂爪一郎『御手洗冨士夫キヤノン流現場主義』東洋経済新報社，2004年
塩次喜代明・高橋伸夫・小林敏男『経営管理』有斐閣アルマ，1999年
新原浩朗『日本の優秀企業研究—企業経営の原点6つの条件』日経ビジネス人文庫，2006年
Bartlett, C. A. and Ghoshal S., *Managing Across Borders : The Transnational Solutions*, Harvard Business School Press, 1989．（吉原英樹監訳『地球市場時代の企業戦略—トランスナショナル・マネジメントの構築』日本経済新聞社，1990年）
Bartlett, C. A. and Ghoshal S., *Transnational Management*, Irwin, 1992．（梅津祐良訳『MBAのグローバル経営』日本能率協会マネジメントセンター，1998年）
Chandler. A. D. Jr. *Strategy and Structure in the Industrial Enterprise*, The MIT Press, 1962．（有賀裕子訳『組織は戦略に従う』ダイヤモンド社，2004年）
Mintzberg, H., *Mintzberg on Management*, The Free Press, 1989．（北野利信訳

『人間感覚のマネジメント―行き過ぎた合理主義への抗議』ダイヤモンド社, 1991年)

Pugh, D. S. and Hickson, D. J., *Great Writers on Organizations 2nd omnibus ed*., Ashgate, 2000. (北野利信訳『現代組織学説の偉人たち　組織パラダイムの生成と発展の軌跡』有斐閣, 2003年)

Stopford, J. and L. Wells, *Managing the Multinational Enterprise*. Basic Books. 1972. (山崎清訳『多国籍企業の組織と所有政策』ダイヤモンド社, 1976年)

第6章 グローバル企業の人的資源管理

〈学習のねらい〉

　前章で学んだ「組織」と，本章で学ぶ「人的資源管理」は密接不可分のものである．人的資源管理を組織論で扱うのはミクロの分野に相当している．また，経営の要としての人的資源管理は「人的資源の有効活用を通じ，競争力を高める」という経営戦略としての側面もある．「人材」を「人財」として考えてきた「日本的経営」における人的資源管理が，今日のグローバル企業の人的資源管理として適用できるものかどうかを考える．

第1節　ヒトという経営資源と人的資源管理の枠組み

(1) ヒトという経営資源

　企業は経営資源の集合体として観られることが多い．ここで経営資源とは，主に「ヒト，モノ，カネ，情報」の4つをいう．ヒトは経営資源としてもっとも重要で特別な意味をもっており，企業の競争力を築くうえでの基盤となるのである．いうまでもなく「モノ，カネ，情報」をやり取りするのはヒトである．そして，その自発的な力をどれだけ引き出すことができるかによって，その企業の競争力に大きな違いが出てくるわけである．人的資源管理によって企業の将来は決まるといっても過言ではない．グローバル企業にとっても人的資源とその管理は非常に重要である．

(2) 人的資源管理の枠組み

　では，一企業内での人的資源管理の枠組みはどのように考えられ，その管理が実践されてきたのであろうか．一般的には，人材の採用にはじまり退職へと向かう道筋として考えることが多い．すなわち，「採用－活用－育成－動機づけ－評価－処遇－退職」という人材フローともよばれる一連のプロセスである．

　これは，単に理論的な枠組みとしてではなく，管理の実務，たとえば「人事部」の仕事としてとらえることができる．ところが，人的資源管理を企業の一部門の仕事として扱うだけでは競争優位を保つことが困難になってきた．近年の急激な経営環境の変化のためである．

　図表6-1は，人材観が変化してきたことを表している．経営学における「ヒト」に関する研究分野のメジャーな呼称も変化している．人材観の変化からはヒトという経営資源の重要性の認識が高まっていく様子をみることができる．単なるコストから競争優位の源泉へと変化している．その背後には

図表6-1 人材観の変化と学説史

～1960年代	1960年代～1980年代	1980年代～
PM（personnel management）＝人事・労務管理論	HRM（human resource management）＝人的資源管理論	SHRM（strategic human resource management）＝戦略的人的資源管理論
生産要素 （factor of production）	人的資源 （human resource）	戦略的資源 （strategic resource）
従業員は，できるかぎりコストを引き下げるべき生産要素としての労働力	従業員は，企業に新たな経済的付加価値をもたらす経済的資源としての人的資本（人的資産）	従業員は，企業の存続を左右する競争優位を達成する源泉となる戦略的資源としての人的資本（人的資産）

出所）岩出博『戦略的人的資源管理論の実相　アメリカSHRM論の研究ノート』泉文堂，2002年．の図表「労働者観の変化」をもとに加筆修正

環境の変化があるわけだが，典型的な一例は，本章で前提とするグローバル化である．グローバル化へ向けた企業の動向に即した人的資源管理への要請の高まりとSHRM論の生成・展開とは軌を一にしているといえよう．したがって，ここでいう「戦略的」という意味のひとつには企業のグローバルな事業展開があり，それへの戦略に対応した人的資源管理がグローバル企業の人的資源管理と読みかえることができよう[1]．したがって，今日のグローバル企業が実践する人的資源管理は，より高度なSHRMを実践していると考えてよいだろう．

第2節　日本型の人的資源管理とグローバル化

(1) グローバル企業の人的資源管理の基本的課題

今日の企業経営において，国外との接点が何らかの形で存在することがほとんどであろう．しかし，それゆえの人的資源の問題が出てくるとはかぎら

ない．たとえば，輸出入の段階の場合，国内の商社を介したものであれば人的資源管理上の問題はない．直接的な取引を行うようになっても，その担当者が実務上必要となる語学力を有していればよい．しかし，現地市場へのかかわりが進行するにつれ，グローバルビジネスに精通した人材が必要不可欠となってくるのである．さらに，本社と海外子会社という関係の分析を超え，グローバル企業となると，本社から海外子会社への派遣駐在員やその逆のケースも増加し「グローバル人的資源管理」が必要となろう．その枠組みは，グローバル体制にある組織の要所ごと，すなわち「中央」「地域」「現地」というようなレベル別での調整が重要になる．それぞれが別個の課題を抱えてもいよう．

たとえば，日本のグローバル企業に関しては，「日本的経営」の海外移転の問題があり研究課題ともされていた．中央である日本の経営を単純に海外現地に移転するだけで，すべてがうまくいくわけではない．特に「ヒト」の問題については顕著である．日本的経営とよばれる中身は，生産システムに関するものを除くと，ほとんどが人的資源管理に関するものといってよい．さらに，人的資源管理に関しては，日本に進出するグローバル企業の多くが日本市場の難しさとしてあげる課題でもある．

以上のような課題について，以下では日本的経営について概観し，現在の人的資源管理の変化についてグローバル化との関連において検討することからはじめる．

(2) 日本的経営の三種の神器

第1節において「ヒトは経営資源としてもっとも重要」であると述べた．この観点は日本において顕著であり，古くから「企業は人なり」「経営は人なり」とされてきた．いわゆる「日本的経営」[2]の人材観である．

それでは，日本型の人的資源管理とはどのようなものか．グローバル時代の経営として通用するものなのであろうか．

アベグレン（1958）は，日本とアメリカの経営の決定的な違いとして「終身雇用」[3] をあげ，日本の経営の特色（人柄重視の採用，年功昇進・年功賃金，人優先の組織づくり，集団的意思決定など）を終身雇用と密接な関係があると指摘している．アベグレンの指摘後,「終身雇用」「年功賃金」「企業別組合」が日本的経営の三種の神器として周知されるようになったのである．特に日本の経営にみられる特異性は，雇用形態に関してみられたといえよう．そして，これら「日本型雇用」について時代を超えて多くの論争がなされてきたのである．

突き詰めれば，経営の問題とは人の問題である．企業の財産は人材であり「人財」である．したがって，経営者はすぐれた人材の育成に努めなければならない．このような企業観・経営観が日本企業に広くみられた特徴であり，三種の神器に現れているのである．

（3）日本型の人的資源管理の現在

以上，日本の人的資源管理制度の典型例として議論される制度・慣行について確認した．それらは日本の文化的特殊性に基づく不可思議なものではなく，第2次世界大戦後の日本において十分な経済合理性をもったものであったといわれている．その本質は，個人の可能性を最大限に育て，組織への貢献に対して公正に報いることにあったのである．当時の日本の企業社会における実力主義そのものであったといえよう．しかしながら，過去に良かった制度・慣行が現在の企業社会においても有効であり，存続し続けると考えるのは安易である．たとえば，年功序列賃金制は消えようとしているし，企業別の労働組合があってもなくても，賃金水準はほとんど変わらなくなっているという．

これまでの日本企業の雇用システムとして取り上げた要因は労働市場が流動的ではないことを前提に構築されたものであったということが指摘できる．しかし近年の労働市場の動向をみると，人材サービス会社の急激な増加

などを背景に，比較的流動性が高くなっているように思われる．したがって，正規従業員の雇用ばかりでなく，派遣社員など非正規従業員の雇用拡大やアウトソーシングなど雇用の外部化の動きがみられるのである．コア人材と非コア人材，というように人材をポートフォリオで考えていく方向性である．さらに賃金も年功賃金ではなく，その人のその時の成果や生産性にしたがって決定するという成果主義が流行にもなった．グローバル・スタンダード的な，いわゆるアメリカン・スタンダードに近づいていく気配が濃厚であるのが近年の流れともいえよう．

　このような変化に対してアベグレンは「欧米型モデルなるものを想定してそれに近づこうとする動きではない．日本的経営を特徴づけ，日本的経営の強さを支える源泉になってきた基本的な価値観と慣行を維持しながら，状況の変化に対応する動きである」[4]という．このような点については日本のグローバル企業を念頭におきながら次節で考えていく．

第3節　グローバル企業の人的資源管理

(1) 人間尊重の理念とグローバル化

　アベグレンのいう「基本的な価値観と慣行」の根本には，日本企業の多くに共通してみられる「人間尊重の理念」があるだろう．個人の可能性を最大限に育て，組織への貢献に対して公正に報いようとする理念である．そして，最近になって頻繁に耳にするCSR（企業の社会的責任）経営にも通じるものである．

　以上まで「日本的経営」というように一括りにして進めてきているが，そもそも経営のすべての面を検討していけば，企業によって諸々の違いがあることは当然である．しかしながら「人間尊重」に関しては日本的な企業だけではなく，日本のグローバル企業はもちろん，欧米の企業においても優良とされる企業の多くが「人間尊重」企業といわれる．かつてエクセレント・カ

ンパニー論において名を馳せた「3M」「IBM」「P&G」などである．

 ただし，ある国では個人主義的，またある国では集団主義的である，などというように「人間尊重」と一口にいっても文化圏によって，意味内容も異なってくる．つまり，グローバル企業における人びとが，常に同様の制度のもとにあることがよいというわけではない．この点は，性別，人種，年齢，宗教，国籍などを考慮するダイバーシティ・マネジメント（多様性管理）が必要とされるところであろう．人間尊重の理念を共有するグローバル企業としてその理念を体現する制度はどのようなものであろうか．人間尊重の理念をかかげながらも，年功序列については終身雇用とは全く異なり，人を腐らせるとして実力主義を徹底するのが日本のグローバル企業キヤノンである．以下，キヤノンを例にとりながら考えていこう．

(2) 終身雇用と実力主義の共存

 キヤノンは2002年，社員に対し，終身雇用を約束する代わりに定期昇給や家族手当などを廃止し，成果や役割に応じて給与を支給する賃金体系を導入した．具体的には，管理職に導入した「役割給」の適用を一般職にも拡大したのである．御手洗冨士夫会長はキヤノンの終身雇用について以下のようにいう．

 「キヤノンが終身雇用にこだわるのは，それが息の長いイノベーションを生み出す源泉になっているからだ．終身雇用があればこそ，日本でも目先の業績にとらわれない基礎研究などに資源を配分することができる．」[5]

 日本的な価値観にみられる運命共同体としての組織をつくり，イノベーションの源泉たる人材を確保する．しかし単なる日本的経営に安住するのではなく，組織の中に競争原理を導入するのである．ただし，それは世界中どこでもベストといえる仕組みとは限らないともいう．

 また，近年急速に広まった成果主義の導入には多くの問題も指摘されている．たとえば，成果主義を導入するのであれば同時に「能力開発の機会」が

従業員に与えられなければならないという点である．ただ単に成果による評価や処遇が行われるだけであれば逆に仕事に対するモチベーションが低くなってしまう．能力が高いほど成果がでる可能性が高くなるからである．

　結果に対して責任を負わせられるのであれば，その責任に見合った裁量や自由度，能力開発の機会などが与えられないと公平ではない．成果主義の導入は単なる賃金制度改革ではなく，組織全体の改革など抜本的な改革まで視野に入れなければならないのである．キヤノンにおける新給与制度に関しては，導入に先駆けて2年にわたって職務分析が行われている．制度についての教育を繰り返し，グローバル企業としての意識改革を伴ったものであるからこそ実現しているといえよう．

(3) グローバル人材育成と求められる人材像

　近年，このような流れを受けてエンプロイヤビリティという概念が広がってきた．バートレットとゴシャール（1997）によれば「雇用されうる能力」を意味するのがエンプロイヤビリティである．狭義には「労働移動を可能にする能力」，広義には「当該企業のなかで発揮され，継続的に雇用されることを可能にする能力」と位置づけられる．

　「人財」とはいうものの，何の努力もせず，すべてのヒトが常に「人財」であり続けることはない．グローバル企業の人的資源管理においてグローバルな視点からの人材育成，あるいは自己啓発を通じて「人財」であり続けなければならない．終身雇用を好まない，あるいはできない企業でも，少なくとも従業員の被雇用能力を高める仕組みをつくる．それによって従業員は自らの能力を高め企業への貢献度を高めることができる．このような企業と人材との関係を築くことによって初めて人材育成は「コスト」ではなく「戦略的な投資」となる．さらにグローバルな育成の仕組みを作ることによってグローバル企業のどの拠点であっても通用する人材となるのである．

　ただ長期の雇用を保障するだけではなく，その人がその人らしく生きてい

けるような仕組み作りまで考えていくことができるかどうか．これができて初めて，優秀な人材を獲得し，適材をグローバルに配置・移動・活用できるのである．

それでは，グローバル企業において求められる人材，言い換えれば，真の国際人とはどのような人財であろうか．たとえば，キヤノンにおいては，異文化を理解し，自らを主張できる誠実な国際人としての自覚をもって行動し，良き市民としてそれぞれの地域社会に貢献する人材である．また，さきに述べた「実力主義」とは常に行動力，専門性，創造力，個性を追求することだという．

真のグローバル企業の確立とはこのような従業員を育てることではなかろうか．

ケース・スタディ

3Mと住友スリーエム：人事基本原則と人事制度変革

住友スリーエムは，日本で40年を超える優れた事業実績を誇る会社である．私たちの生活にも身近な「ポスト・イット」でも有名な3M社は，米国ミネソタに本拠をおき，世界60カ国以上で事業を展開している．1960年，3Mが日本に事業会社を設けた当初の目的はアメリカにおいて開発した製品の販路の拡大であった．現在の住友スリーエムは，3Mグループの中で最大の海外事業会社に成長しており，その存在意義は以前とは大きく異なってきている．成長の背景には，3Mのグループ会社でありながらアメリカ3Mのコピーにはならず，濃密な人間関係に重きをおく日本的経営の要素が組み合わされていることが指摘される．目標管理の実施方法，業績評価方法，ツーウェイ・コミュニケーションの奨励等にも具体的な工夫の実例をみることができる．

日米合弁会社としての初期の成功の影には，人事諸制度の整備が重要な役割を果たしてきたのだが，1995年以降には，経営戦略の一環として人事制度の改革を段階的に行った．職能資格制度からジョブグレード制度への移行である．経験年数によって処遇する年功的なシステムの限界を乗り越え，資格や貢献度と処遇の整合性をはかり，優秀人材をより積極的に活用していくことが狙いであった．

制度改革のポイントは以下の4点に集約される（日本経団連出版　2006）．
・役割と貢献にもとづく公正な処遇，人材育成と活用を有機的に機能させる．

・社員が能力を最大限に発揮し，会社に対して貢献できる機会を提供する．
・社員の積極的な挑戦を支援するとともに公正な競争原理を導入することで人材の流動化を促進し，質の高い成長を加速させる．
・3Mグローバル・スタンダードとの整合性をはかる．

　3Mグループ共通の人事基本原則は，「個人の尊厳と価値を尊重する」「各人を自己の可能性に挑戦させる」「社員一人ひとりの自発的行動を奨励する」「機会を均等に与える」と定められている．世界中どの国であっても，この基本原則は変わらない．国の文化や歴史の違いを超えて通用するのであり，多様な文化環境下で事業を展開するグローバル企業の成功に不可欠な要素であろう．

　2003年までの「HRプラン21」，その後の「カルチャー9」へと続いた改革をも貫く理念は，「人間個人に対する強い信頼と，可能性に対する確信」である．「社員がその一員であることに誇りを持てる企業になる」という3Mの経営理念の下に，住友スリーエム成長のための確固たる人的資源管理の基盤が築かれ続けている．

☞ 注）

1) 「国際人的資源管理（international human resource management）」ともよばれる．
2) 本章では「日本的経営」を理念的で特別な経営パラダイムとして表示している．通常は「日本の経営」「日本型の経営」と表記した．
3) 厳密には，アベグレンは「終身雇用」ではなく「終身の関係（lifetime commitment）」としていた．
4) アベグレン，J. C. 著　山岡洋一訳『新・日本の経営』日本経済新聞社，2004年　141ページ
5) 『日本経済新聞』2006年5月29日

参考文献

岩出博『戦略的人的資源管理論の実相　アメリカSHRM論の研究ノート』泉文堂，2002年

大橋靖雄「人事改変の嵐と人的資産管理の提唱」愛知学院大学論叢『経営学研究』第15巻第2号，2006年

高橋伸夫『虚妄の成果主義』日経BP社，2005年

日本経団連出版編『キャリア開発支援制度事例集—自律人材を育てる仕組み』日本経団連出版，2006年

日本に根付くグローバル企業研究会編『ケーススタディ住友スリーエム　イノベ

ーションを生む技術経営』日経 BP 社，2005年

水島愛一朗『御手洗冨士夫が語る キヤノン「人づくり」の極意』日本実業出版社，2005年

Abegglen, J. C., *21 st Century Japanese Management New Systems, Lasting Values*, Palgrave Macmillan, 2006.（山岡洋一訳『新・日本の経営』日本経済新聞社，2004年）

Abegglen, J. C., *The Japanese Factory*. The Free Press, 1958.（山岡洋一訳『日本の経営〈新訳版〉』日本経済新聞社，2004年）

Bartlett, C. A. and Ghoshal S., *The Individualized Corporation*. HarperCollins Publishers, 1997.（グロービス・マネジメント・インスティチュート訳『個を活かす企業―自己変革を続ける組織の条件』ダイヤモンド社，1990年）

Lawler, E. E. Ⅲ., *Pay and Organization Development*, Addison-Wesley, 1981.（田中政光訳『検証 成果主義』白桃書房，2004年）

第7章　グローバル企業のイノベーション戦略

〈学習のねらい〉

　グローバル時代における企業活動の大きな特徴は，企業の有するヒト，モノ，カネ，情報・知識といったさまざまな資源が国境を越えて移動することである．特に20世紀末に始まったIT革命により，21世紀のもっとも重要な資源といわれる情報・知識が国境を楽々と越え，相互作用がより可能となったという点において革命的である．これらは，企業のイノベーションにどのような影響を与えるのであろうか．

　結論からいえば，グローバル時代の到来により，イノベーションのあり方が大きく変化する可能性は高い．なぜならば，イノベーションとは，既存知識の新たな組み合わせであり，多様な知識の存在が重要であるが，グローバル時代にはより多様な知識を獲得することが可能なため，イノベーションの可能性が広がる．本章では，こうしたグローバル時代におけるイノベーションのあり方について述べることとする．

第 7 章　グローバル企業のイノベーション戦略　　79

第 1 節　イノベーションとは何か

　まず，イノベーションとは何なのか，大まかなイメージをもった上で，さまざまな理論をみていくことにしよう．イノベーションを一言で表現すれば「企業に利益をもたらす源泉となるモノ，サービス，活動」である．たとえば，自動車メーカーにとっては，新車はもちろん，新しい販売方法や原価低減のためのカイゼンなどがイノベーションである．あるいは，旅行業者にとっては，新しい旅行コースの提供がイノベーションとなろう．このように，イノベーションとはさまざまな側面をもっている．こうしたイノベーションについて，シュンペーターとドラッカーを採りあげ，説明することにしよう．

　シュンペーターは資本主義における景気変動について研究を行い，その中核に企業家とイノベーションを置いた．資本主義においては，好況と不況が交互に到来するいわゆる景気循環という現象が存在し，それは企業家がイノベーションを創造し，その模倣による景気の上昇と下降によって起こるとした．

　たとえば，近年，IT 技術の発展は目覚しいものがある．その一時的に沸騰したのが IT バブルとよばれるものであった．シュンペーターの理論を応用すると，インターネットを中心とした新しい技術がシリコンバレーの企業家によって開発され，それが全世界に広まっていった．その過程でさまざまな新製品や新サービスが生み出され，世界的な好況を引き起こしたが，それらの革新的技術が一般化し，多数の後発企業によって模倣された結果，価格競争が生じて利益率が低下し，最終的には景気停滞に至った．このように，イノベーションは景気動向を左右するものであり，企業家によって生み出されるものなのである．

　こうしたイノベーションをシュンペーターは，新しい製品やサービス，新

図表7-1　シュンペーターのイノベーション分類と具体例

新しい製品・サービス	ハイブリッドカー，ネット音楽配信
新しい製造方法	セル生産方式
新しい原材料および供給地	アルコール混合ガソリン
新しい市場	男性エステ市場，中国
新しい組織	SOHO

しい製造方法，新しい原材料およびその供給地，新しい市場，新しい組織の5種類に分類している（図表7-1）．

　まず，新しい製品やサービスはもっとも分かりやすい．トヨタやホンダが開発したハイブリッドカーは従来のガソリン・エンジンを改良したイノベーションであり，大成功を収めている．また，アップルが発売した i-Pod とインターネットを通じて音楽を配信するサービスである i-TMS は，従来の購買スタイルを駆逐するイノベーションである．

　続いて，新しい製造方法は，セル生産方式をあげることができる．これは，従来のベルトコンベア方式の組立方法とはまったく正反対の思想であり，基本的にひとりで最初から最後まで組み立てる生産方式である．

　第3の新しい原材料およびその供給地としては，最近の原油価格の高騰を受けて開発されたアルコール混合ガソリンがあげられる．従来のガソリンに植物などから採取したアルコールを混合させることで価格高騰を抑えようとするものであり，今後の普及が注目されている．

　新しい市場とは2つの意味があり，ひとつは顧客の属性に関するものであり，もうひとつは地理的なものである．前者の例としては，最近，流行している男性エステがあげられる．肌や体形などの外見を修正するエステは，従来，女性を主なターゲットとしてきたのであるが，ここに来て，外見を気にする男性が潜在的に多いことを発見し，男性を対象としたエステやそれに関連する商品の市場が立ち上がりつつある．後者の例としては，消費市場とし

ての中国があげられる．中国の13億人という膨大な人口の1割が中産階級化すれば，日本1国の市場が出現したのと同等である．この巨大な未成熟市場を狙って，外資や国内資本による熾烈な競争を展開しつつある．

　最後の新しい組織は，たとえば，SOHOがあげられよう．SOHOとは「Small Office Home Office」の略であり，実際に出社することなく，自宅あるいは会社から離れた場所にある小さな事務所で仕事をするスタイルである．これは，インターネットによって可能性が高まっており，出社のための移動時間やエネルギーを削減し，仕事自体に充当することができるとして注目されている．

　以上のように，シュンペーターのイノベーション分類は現代でも十分に通用するものであり，企業はこうしたイノベーションの創造を継続的に行う必要がある．

　続いて，もうひとりの研究者であるドラッカーの理論を紹介する．ドラッカーは，イノベーションを企業の本質的な活動のひとつであると位置づけた．ドラッカーによると，企業の究極の目的は継続事業体＝ゴーイング・コンサーンであることである．高邁な理想やビジョン，ミッションも事業が継続できなければ実現不可能である．そのために，企業は顧客を創造し続けなければならないとした．事業の継続のためには，最低限の利益が必要であり，自社の提供する製品やサービスを買ってくれる顧客を必要とする．この顧客を新たに創造し続けることで，自社の売上を拡大し，事業を継続させることが可能となる．そして，顧客を創造するために企業の本質的活動としてあげられるのが，マーケティングとイノベーションである．マーケティングは，顧客や市場を含めた企業を取り巻く環境と自社に関する詳細な分析である．そして，それを基に，優れたイノベーションを創造することが企業にとってはもっとも重要な活動であり，その結果として利益が生じ，事業を継続することが可能となるとドラッカーは述べている．こうしたイノベーションの機会としてドラッカーは7つの機会を採り上げている（図表7-2）．

図表7-2　イノベーションの7つの機会

予期せぬことの生起	NintendoDS
ギャップの存在	シンプル携帯
ニーズの存在	デジカメ直結型プリンター
産業構造の変化	ネット証券会社
人口構造の変化	高齢者市場
認識の変化	美容院や染髪スプレー
新しい知識の出現	青色発光ダイオード

　まず第1に予期せぬことが起こった場合，それを利用することである．たとえば，任天堂の商品である「NintendoDS」は子ども向けのゲーム機として開発された．しかし，現在の大ヒットの主たる要因は「頭の良くなるシリーズ」という大人向けのゲームのヒットである．

　第2にギャップの存在である．たとえば，携帯電話の方向性は高機能，高性能，小型化であるとされていたが，その機能を100％利用しているユーザーはほとんど存在せず，特に中高年層にとっては不要な機能が多かった．そして，ツーカーがこのギャップを認識し，単純な通話機能に特化した携帯を発売したところ，大成功を収めたのである．

　3つ目のニーズの存在によるイノベーションはデジタルカメラから直接印刷できるプリンターが例としてあげられる．デジタルカメラは，実際に確認しながら写真が撮れるなどの利便性があり，成長製品だった．同時に，印刷して従来の写真のように楽しみたいというニーズもあったが，1度パソコンにデータを取り込んでから印刷せねばならず，パソコンを苦手とする層にはそれほどアピールしなかった．そのニーズに応えたデジタルカメラを直接接続して印刷できるプリンターの発売は大成功であった．

　第4の産業構造の変化を利用したイノベーションの成功事例としては，インターネット系証券会社である．2000年前後の日本版金融ビッグバンを経

て，日本の資本市場は個人投資家が徐々に増えつつあった．この状況に合わせ，手数料を大幅に引き下げ，インターネットでの取引に特化した証券会社は大成功を収めたのである．

第5の人口構造の変化を利用したイノベーションとは，たとえば，現在，日本においては少子高齢化がその例である．これについては，大きな社会問題となっているが，これを機会としてとらえる介護産業においてはさまざまなイノベーションが創造されている．デイケア・サービスの提供や，タクシー会社による介護タクシーサービスなどがあげられる．

第6の認識の変化とは，たとえば，日本人の髪の毛の色に対する認識の変化がある．従来は，金髪や茶髪は，不良や暴力団，水商売などマイナスイメージの象徴であったが，現在では，特に女性にとっては重要なおしゃれの手段として定着している．これに伴って，美容院や簡単に髪の毛を染色することのできるスプレーは大きく成長した．

最後の新しい知識の出現によるイノベーションはもっともイノベーションらしいといえる．たとえば，青色発光ダイオードは長年研究されながらも実現不可能といわれてきた．しかし，四国の小さな会社であった日亜化学において実用化に成功し，まもなく，同社は世界的なメーカーに成長することとなった．

企業を取り巻く環境が急速に変化し，競争が激化している現在においては，こうしたイノベーションは，ドラッカーが指摘したように，現在の企業にとってはまさに中核的活動として位置づけることが可能である．すなわち，イノベーションの創造こそが企業が生き残り，成長するためのカギを握るのである．

しかしながら，常に，画期的な新製品や新サービスを提供し続けることは困難である．そこで，従来存在するものを改良，改善することも重要なイノベーションとなる．すなわち，画期的，革新的なラディカル・イノベーションと，それらをより洗練させ，あるいは低コスト化を図る漸進的なインクリ

メンタル・イノベーションをうまく組み合わせることが必要である．

いかに画期的な新製品であっても，それに付随するさまざまな物事が適切に運営されなければ世の中に普及することはなく，イノベーションとはいえない．その意味で，ラディカル・イノベーションとそれに続くインクリメンタル・イノベーションを適切に進めていくことが，今後の企業にとっては非常に重要となるのである．次節では，こうしたイノベーションに対して，グローバル時代の展開がどのように影響を与えているのかをみていくことにする．

第2節 グローバル時代のイノベーション

グローバル時代の企業経営とはいかなるものであろうか．それは，企業環境が国境を越えて広がり，ヒト，モノ，カネ，知識といったさまざまな資源が国境を越えて広く相互作用するようになることを意味する．グローバル時代は市場が広がり，また多様な相互作用による，より革新的なイノベーションが創造できる可能性が高まる．

そうした点を考えると，グローバル時代の企業経営におけるイノベーションの特徴は，新しい市場の開拓，市場間の距離や時間差，発展の度合いの利用，そしてアライアンスにあるといえる．

まず，新しい市場の開拓とは，国内だけでなく海外にも市場を求めるということである．日本企業に限らず，まずは国内市場を固め，次に海外市場に進出するというのは企業成長の一般的なパターンである．日本のような先進国の国内市場は基本的には成熟市場であり，大きく成長する余地は少ない．したがって，海外に進出する企業は今後も増えてくることが考えられる．たとえば，自動車産業はトヨタを筆頭に日産やホンダも揃って中国やロシア，インドなどに進出している．

他にも，海外市場では，社会や文化が異なるために，多様な知識を蓄積し

やすくなる．それらを相互作用させることで，より画期的なイノベーションを創造する可能性が高くなっている．自動車などは，実際，各国の社会や文化を反映した設計がなされており，それが相互に好影響を与える例も出てきている．

続いて，市場間の距離や時間差，発展の度合いを利用する場合とは，先進国での製品を発展途上国にもっていくことや，時差の関係を利用して世界中にネットワークを形成し，24時間稼動体制を築くことである．前者の例としては，インターネットに関するビジネスをあげることができる．インターネット・ビジネス先進国のアメリカでは，ネット・オークションやアマゾン・ドットコム，あるいは検索サイトやポータル・サイトなどが誕生している．こうした先進的な製品やサービスを，比較的遅れて整備が進みつつあった日本に持ち込んで成功したのがソフトバンクである．

他にも最近では，アメリカ企業が，英語のできるインド人を大量に現地で雇用し，24時間体制のプログラミング企業やコールセンターが出現している．

最後にアライアンスによるイノベーションであるが，これは，企業の国籍を超えた合従連衡が進行しつつあることを意味している．たとえば，ルノーと日産のアライアンスは日仏企業のアライアンスとして成功といえるであろう．それぞれの市場が重複せず，また技術的にも補完しあう関係であり，相互作用を密接に行うことによって，新しいイノベーションを生み出しつつある．また，最近，ソニーと韓国のサムスンが液晶パネルに関してアライアンスを提携したが，これによりソニーは一気に液晶テレビの世界シェア首位に立った．

ただし，こうした国境を越えたグローバルな展開は時として大きなリスクもはらむ．たとえば，中国では，法律に対する政治の介入の度合いが大きく，共産党の意向，あるいは幹部の個人的な意向が法律に優先する．そして，極端な場合，日系企業に対する特定の狙い撃ち的な制裁が科されたりす

る場合がある．また，相互作用と一言でいっても，育った文化が異なるため，摩擦が生じやすい．その結果，イノベーションの創造どころかアライアンスの破棄といった事態を招きやすい．

こうしたリスクにもかかわらず，今後，グローバル展開は，成熟市場を基盤とする企業にとっては必須となる可能性が高い．したがって，グローバルな相互作用に耐えうる人材育成を行う必要がある．

第3節 ケース・スタディ

まずは，新規市場開拓イノベーションに成功したホンダのアメリカにおける成功についてみていくことにする．

1956年には，国内二輪車市場を固めたホンダは，新たな成長策として海外に新市場を求めた．

当初，ホンダは東南アジアやヨーロッパをターゲットとして目論んでいたが，その後の世界進出を考え，もっとも先進的な市場であるアメリカを進出先として選択した．しかし，アメリカの二輪車市場は，日本の10分の1ほどであり，バイクは趣味やレジャー用，しかも，アウトローな人間が乗るなどと悪いイメージもあった．

こうしたホンダのアメリカ進出は販売網を自力で整備することから始まった．当初から「現地の社会に根づいた経営がなされなければ自社の発展もありえない」との考えの下，現地の従業員6人に日本からの2人を加えて8名が販売網開拓に当たった．1959年から開始して2年目の1961年には，スーパーカブを主力商品として月間1000台を販売するに至ったが，これは，高い技術力，スーパーカブというニッチ商品，メンテナンス・サービスのきめ細かさなどが評価されたからである．

さらに，全国展開を行うために，モーターサイクル業界全体のイメージアップも図る活動を展開することになる．たとえば，販売店に試乗できるスペ

ースと清潔感溢れるショールームを併設したり，サービス・メカニックも真っ白の作業着を着せるようにした．また，各販売店も地域に対してさまざまな貢献活動を行うことも奨励した．こうした地道な活動が功を奏し，1962年には年間販売台数4万台を突破するまでになった．

　ここで，ホンダは伝説となる「ナイセスト・ピープル・キャンペーン」を展開し，その結果，老若男女の幅広い層に，日常の暮らしに密着した手軽な乗り物としてのバイクという認識を植えつけることに成功した．さらに，1964年にはアカデミー賞に対し，初の外国企業としてスポンサー参加し，その際に放映されたテレビCMが大反響を巻き起こしたのである．

　こうしてアメリカに定着したホンダは，1969年には自動車での進出も果たす．そして，地道な営業活動が実を結び，徐々に販路が拡大しつつあるところに，1973年の第1次オイルショックが起こった．この時に，他社に先駆けてマスキー法（大気清浄法）が定める厳しい排出ガス規制値をクリアしたCVCCエンジン搭載のシビックを市場に投入した．同車は，1974年度のアメリカ環境保護庁による燃費テストにおいて第1位を獲得．優れた走行性能とともに，全米一の低公害・低燃費を実現したことにより，それまでの小型車に対する不人気を払拭し，成功を収めたのである．

　また，顧客の満足度を高めるために，販売店と一体となって顧客満足活動を展開し，また，商品開発や販売店へフィードバックし，よりよい商品作り，販売店作りを促進することとなった．この他にも，アメリカン・ホンダ財団を設立し，さまざまな援助活動を展開するなど一層の現地化を図り，現在の成功へとつながっている．

　続いてはソフトバンクの「タイムマシン経営」についてみていく．これは，アメリカで成功した事例を日本に持ち込むことで同じ成功をしたものである．ヤフーとの提携とブロードバンドの拡大がそれにあたる．

　その始まりは，ソフトバンク創業者の孫正義が20代でアメリカに渡り，パーソナル・コンピュータと出会ったこと，そして，シリコンバレーの起業家

社会の文化に触れたことであった．帰国後，孫はパソコンに関するソフト流通を手がける．それがソフトバンクの設立であった．その後，次つぎとM&Aを繰り返し，成長していくが，アメリカの進んだコンピュータ関連事業を日本に輸入するというのが一貫した姿勢であった．

その際たるものが，1996年のアメリカ Yahoo! への出資である．この段階では，インターネットはまだ日本では普及しておらず，アメリカでようやく商業ベースになっていた程度であった．その時点で，すでに検索エンジンおよびポータル・サイトの将来性を見抜き，現地法人に出資するとともに，日本法人を設立したのである．その後の成功は説明するまでもないであろう．現在，ヤフーは日本ではナンバーワンのポータル検索サイトとして君臨している．

またその後は，ブロードバンドの普及を成功させた．インターネットは当初は，電話回線を利用していたので通信速度が遅く，一度に送れる情報量は非常に少なかった．その結果，他の通信手段と比較して，限定的な利用しかできなかった．これを解決する手段としては，当時は光ファイバーが本命視されてたが，孫は，その前段階としてDSL技術の有効性をいち早く見抜き，従来の価格の半分以下という破格値でブロードバンド・サービスの提供を始めた．この予測は見事に的中し，アメリカを抜き去り，日本は世界でも先進的なブロードバンド大国となったのである．

最後のケースは，アライアンスの成功例である．2005年に，ソニーとサムスン電子が液晶パネルの供給に関して提携を行った．それは，ソニーのテレビ事業の不振がきっかけであった．ソニーは，自社で開発したトリニトロン方式のブラウン管テレビで大きな成功を収めたために，近年の薄型テレビへの移行が遅れ，2004年には大幅な赤字決算を迎えることとなったのである．

ソニーは，独自性の追求を社是とし，高い技術力を誇る企業として有名である．他社の模倣をせずに，独自の製品を独自の技術で作り出すことがソニーのやり方であり，また，消費者もそうしたソニーの姿勢を評価した．その

結果，他社製品よりも多少割高の価格でも競争力を保持してきた．

しかし，こうした成功体験に安住した結果，21世紀のテレビ競争においてもトリニトロン方式にこだわり続けてしまい，大幅な赤字となってしまったのである．

この遅れを取り戻すべく，ソニーは自社開発をあきらめ，韓国のサムスン電子と提携し，液晶パネルを供給してもらうこととなった．これは，大きな方向転換であった．従来，ソニーは自社の技術に絶対的な自信をもっているため，他者との連携に失敗し，窮地に陥ったことがある．VTRでベータ方式を推進し，ビクターのVHS方式に敗れ去ったのはそれである．そこから学んだソニーは，CDやMD，次世代DVDなどでは同じ轍を踏まないよう，企業連合を形成するようになったが，あくまで自社の開発した技術を中心としたものであった．

今回のサムスンとの提携は，技術的な面では多くをサムスンに依存している．これは，ソニーの企業文化を考えるとありえないことであるが，窮地に陥ってしまったことの裏返しでもある．その結果，2005年10～12月期には，一時的ながらも世界シェアでトップを取るまでに急回復した．

この関係は，テレビだけに留まらず，さらに強化される方向にある．液晶パネル事業の合弁も拡大し，2008年には約3,000億円を投資して，新工場を建設する予定である．また，新型パネルの共同開発なども開始する．汎用特許技術に関してはクロス・ライセンスを結んでいる．また，サムスンお得意の高速半導体メモリーは，ソニーのMP3ウォークマンやプレイステーション3に搭載されることが決定している．

ソニーは，今後，現在はいったん休止している状態の新しい独自製品の開発を進める必要があると思われるが，こうした戦略提携を結ぶことで，選択肢が広がることが予測される．このように，国境を越えて，戦略提携を結ぶことで，新たなイノベーションを創造することは今後，ますます増えるであろう．

参考文献

J. A. シュンペーター著，塩野谷祐一，中山伊知郎，東畑精一訳『経済発展の理論』岩波書店，1977年
P. F. ドラッカー著，上田惇生訳『イノベーションと企業家精神』ダイヤモンド社，1985年
金子逸郎『工業経営とラディカル・イノベーション』中央経済社，2000年
児玉博『幻想曲 孫正義とソフトバンクの過去・今・未来』日経BP社，2005年
ホンダ50年史『大いなる夢の実現』1999年

第❽章　グローバル時代の物流

<学習のねらい>

　ロジスティクスを自社の競争力向上のための戦略のひとつとして位置づけている企業が増えている．それをロジスティクス・マネジメントとよぶ．中田信哉は，ロジスティクス・マネジメントの基本となるのは，「顧客サービス」「業務プロセス」「在庫管理」「ロジスティクス・ネットワーク」「情報処理・伝達・意思決定システム」などであり，中でも在庫管理が重要であるという[1]．しかしながら，遡ると，日本的経営の代名詞ともされる「トヨタ生産方式」も在庫管理が基本であった[2]．とりわけ，1970年代の安定成長期以降は日本の産業全体で在庫管理技術は著しく高まったとされる[3]．

　そして，グローバル化の時代に入り，国際的なモノの流れ，さらには日本企業の海外進出が活発になるにつれ，徐々に顕在化したのが物流の問題である．ロジスティクスを「戦略的な物流」としてとらえれば，物流を構成するのは「輸配送」「保管・荷役」「包装・流通加工」「在庫管理」などである．つまり，ロジスティクスをグローバルな事業や海外においても展開しようとすれば，物流の基盤が整備されていなければならない．自国では当然と考えられていた商業慣行が海外では通用しないというケースは物流でも同様におこった．本章では，物流がグローバル化の時代の中でどのような変化を遂げてきたかの経緯を追いながら，現代物流の課題についてみる．

第1節 グローバル化の進展と物流

(1) 国際複合輸送の進展

　1966年にSea-Land社が4隻のフルコンテナ船を北大西洋航路に就航させて以後，コンテナを媒体とした国際間の複合輸送（同一運送人が複数の異なる運送手段を用いて，貨物の受取地から引渡地まで一貫して責任を負う輸送形態）が急速に進展した．いまや世界の主要定期航路ではコンテナ輸送が定着した．コンテナは輸送業における20世紀最大の革新とよんでも過言ではないであろう．それを用いることのメリットはここでは海陸一貫輸送の確立に大きく寄与したことに注目したい．海上と陸上を連絡する場合，コンテナのまま船からトラックないしは鉄道等へと積み替えればよいだけとなり，複数の輸送機関をまたいでも円滑な貨物の移動を可能とした．そのことはとりわけ国際間の貨物の移動を容易にし，経済のグローバル化と並行して，モノの移動のグローバル化を促進した．

　今日ではドア・ツー・ドアの輸送を自社で完結（「航空会社」（自社航空機による集貨・スペース販売），「フォワーダー」「国際宅配便」「貨物代理店」の多機能をもつ）するインテグレーターなる企業が存在し，物流のグローバル化を促進している．その代表的な企業にはFedEx（アメリカ），UPS（アメリカ），DHL（ドイツ），TNT（オランダ）などがある．

(2) 日本の物流企業のグローバル化

　物流のグローバル化とともにグローバルに展開する物流企業の成長がめざましい中で，日本の物流企業もこうした動向への対応に迫られている．最近の例では，2006年5月に日本郵船とヤマトホールディングスの提携があげられる．異業種の提携は日本では珍しかったが，図表8-1にみるように，ここ1～2年で急速にすすんだ．こうした動きは日本と諸外国をむすぶ物流の

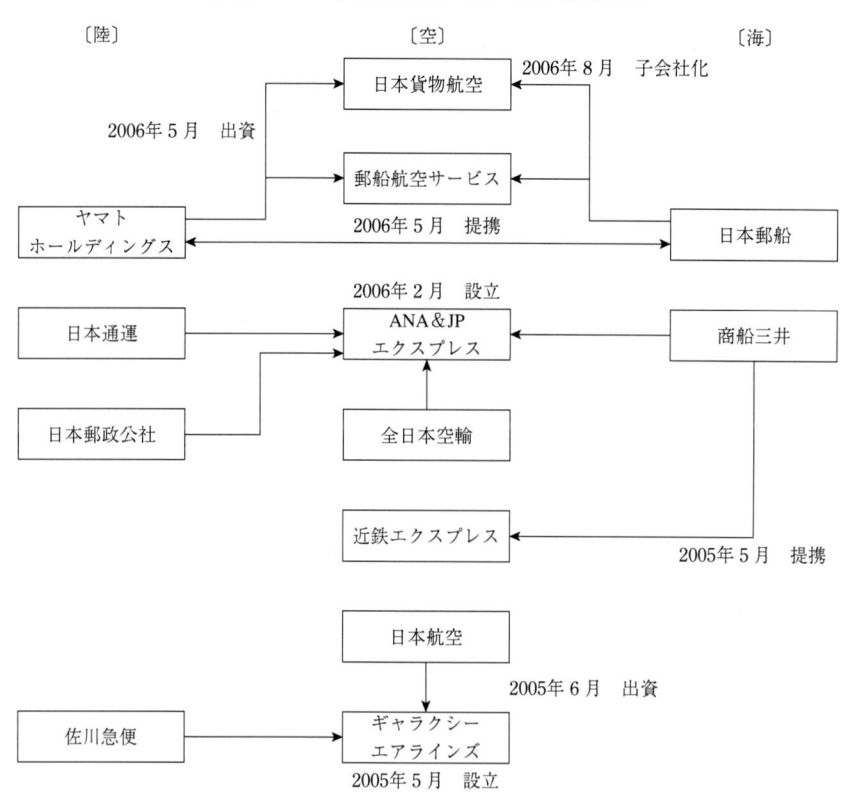

図表 8-1　陸海空物流企業の主な提携関係

〔陸〕　　　　　　　〔空〕　　　　　　　〔海〕

日本貨物航空　←　2006年8月　子会社化

2006年5月　出資

郵船航空サービス

ヤマト　　　　　　2006年5月　提携　　　日本郵船
ホールディングス

2006年2月　設立

日本通運　　　→　ANA&JP　　←　商船三井
　　　　　　　　　エクスプレス

日本郵政公社　　　全日本空輸

近鉄エクスプレス　←　　2005年5月　提携

日本航空
　　↓　2005年6月　出資
佐川急便　→　ギャラクシー
　　　　　　　エアラインズ
　　　　　　　2005年5月　設立

注）矢印は出資関係を指す．
出所）2006年5月現在（『日経ビジネス』2006年5月22日号より）

円滑化を促進することになり，まさにグローバル化の時代の物流企業の対応として今後も同様の提携がますます増えるものと予想される．

第2節　日本の物流業の変容

(1) 異業種の競争から協調へ

こうした近年の動向をふまえ，日本の物流の歴史を振り返ると，業種間の

競争から協調へという時代の変化を感じさせる．60年代は日本の物流に大きな変化が生じた時代であった．国内貨物輸送量（トンキロベース）について，トラック輸送量が鉄道輸送量を初めて上回った．これ以降，主要な輸送手段として確立されたトラック輸送であったが，70年代の安定成長期に入るとそれまでのいちじるしい輸送量の伸びがみられなくなった．この時期，新しい需要として開拓されたのが消費者物流であり，代表的なものが宅配便である．そして，バブル崩壊後に国内貨物輸送量が全体的に伸び悩むと，同じ時期の物流二法の施行も重なって運賃競争が激しさを増した．物流業者の中には宅配便や引越し便などの高付加価値サービスを提供することによって国内の新しい需要開拓にとり組む業者もあれば，国内市場に限界を感じ海外に進出する業者もあった．異業種間の協調はグローバル化の時代の戦略として見受けられるようになった．

（2）海外事業展開の移り変わり

図表8-2は運輸に関連する事業会社の海外現地法人数の推移を1975，85，95，2003年でみたものである．近年になるにつれて「陸運」「倉庫・物流関連業」「その他運輸サービス」の海外現地法人数の増加が目立っていることがわかる．「鉄道業」「海運」「航空業」は95年までは増加したものの，2003年に減少，ないしは横ばいとなった．このような違いは何か．「陸運」のうち佐川急便を，「航空業」のうち全日本空輸を例にとりあげてみたものが図表8-3である．佐川急便の場合，2003年にアジアにおける物流事業の展開に集中的に投資したことがわかる．これに対して全日本空輸の場合，欧米諸国におけるホテルやレジャー事業への投資が大半を占めている．日本の多くの企業にもみられた投資行動として，バブル期には豊富な資金を元手に海外事業への投資が活発となった．その場合，ホテルやレジャー事業といった第3次産業へと向けられるケースが多かった．そして，バブル崩壊後には拡大投資が仇となって債務超過に陥り，これを補うべく資産を売却するという行

図表8-2　業種別海外現地法人数の推移

業種	社名	1975年	1985年	1995年	2003年
陸運	西濃運輸			6	9
	山九	6	9	14	20
	日本通運	3	18	39	59
	近鉄エクスプレス		5	24	36
	日立物流			9	16
	丸全昭和運輸		2	2	7
	ヤマト運輸		5	12	11
	センコー		2		3
	池田興業			2	2
	アルプス物流			3	9
	日本梱包運輸倉庫			2	8
	日本ロジテム			7	6
	ハマキョウレックス				2
	バンテック				3
	春駒交通			2	2
	富士物流				6
	住電装ロジネット				3
	佐川急便				10
	九州産業交通		2	2	2
	カトーレック				4
	合計	9	43	124	218
倉庫・物流関連業	住友倉庫		3	10	13
	澁澤倉庫	3	2	2	2
	日新	2	2	15	22
	宇徳運輸	3	2	6	4
	上組		4	9	7
	アイロジスティクス			5	10
	エム・シー・トランス・インターナショナル				17
	川西倉庫			3	3
	ケイヒン		6	5	6
	是則運輸倉庫				2
	三雪倉庫			3	2
	ソニーサプライチェーンソリューション			3	3
	トレーディア				2
	東陽倉庫				2
	藤友物流サービス				4
	内外日東			5	11
	日本トランスシティ			5	8
	三井倉庫		4	16	23
	三菱化学物流				4
	三菱倉庫	3	5	10	12
	中野倉庫運輸		2	3	
	ヤマタネ			3	
	トクスイコーポレーション				2
	合計	11	30	103	158
その他運輸サービス	岡本フレイターズ				2
	キムラユニティー				3
	鴻池運輸			7	9
	スミトランス・ジャパン				4
	鈴与			3	7
	タカセ			2	3
	南海エクスプレス				6
	日新運輸				2
	名海運輸作業			3	8
	郵船航空サービス		2	12	24
	商船三井ロジスティクス		2	9	11
	東洋トランスポート			2	
	ニヤクコーポレーション			2	
	国際興業	4	3	4	3
	壽産業			2	
	リケン			2	
	ジューロ	2	6	4	
	国際自動車	4			

業種	会社名				
	相模倉庫運輸			2	
	芝浦運輸機工			2	
	伏木海陸運送			4	
	アートコーポレーション				2
	阪神エアカーゴ			5	6
	合計	10	13	65	90
鉄道業	近畿日本鉄道			3	
	西武鉄道		4		7
	東京急行電鉄	7	8	12	10
	名古屋鉄道	5	6		
	西日本鉄道	2	2	5	9
	合計	14	16	24	26
海運業	フジトランスコーポレーション				3
	シーコム			2	
	上野トランステック				2
	大森回漕店				4
	ダイトーコーポレーション				2
	大東港運			2	2
	伊勢湾海運			5	6
	名神汽船		2		
	飯野海運		2	4	2
	大阪商船三井船舶	18	20	46	
	ジャパンライン	22	37	}38(注1)	}46(注2)
	山下新日本汽船	11	12		
	川崎汽船	29	23	28	28
	三光汽船	6	11	3	4
	商船三井近海	4	2	2	2
	新和海運	5	5	4	5
	第一中央汽船	5	10	4	3
	太平洋海運	2	5	7	11
	東京船舶			2	3
	日本郵船	10	10	31	}56(注3)
	昭和海運	16	16	18	
	日正汽船				9
	日之出汽船	3	2	7	
	名港海運	3	5	7	11
	乾汽船		2	2	2
	神原汽船		3		
	浪速タンカー		2	2	
	明治海運		3	11	9
	東栄リーファーライン			2	
	東京汽船			2	
	日産専用船			7	
	マツダライン			4	
	川崎近海汽船				4
	トヨフジ海運				4
	東栄リーファーライン				3
	東京マリン				3
	東興海運				2
	ナゴヤシッピング				3
	合計	134	172	205	127
航空業	川崎航空サービス			12	12
	東急エアカーゴ			11	11
	全日本空輸		3	13	13
	東急航空		2		
	日本航空インターナショナル	3	7	25	24
	共同航空			2	2
	バスコ				4
	合計	3	12	63	66

(注1) 1989年，ジャパンラインと山下新日本汽船との合併によりナビックスラインとなる．
(注2) 1999年，大阪商船三井商船とナビックスラインとの合併により商船三井となる．
(注3) 1998年，日本郵船が昭和海運を吸収合併．
出所) 東洋経済新聞社編『海外進出企業総覧』（各年版）東洋経済新報社より筆者作成．

第8章　グローバル時代の物流

図表8−3　海外現地法人の比較　—佐川急便と全日本空輸—

	1975年	1985年	1995年	2003年	出資比率（％）
佐川急便				中国　北京佐川急便国際貨物運輸(有)　国際物流業	50.00
				北京住商佐川急便物流(有)　国内小口混載貨物の配送	35.00
				保利佐川物流(有)　貨物運送、倉庫、物流加工	50.00
				陝西佐川急便天誠国際貨運(有)　国内小口混載貨物の配送	49.00
				上海大衆佐川国際物流(有)　国際物流業	24.50
				上海住商聯運便　国際物流業	100.00
				香港(中国)　洋谷儲運運輸　アジア全域の統括会社	90.00
				Sagawa Express (H.K.) Co., Ltd.　国際物流業	70.00
				ベトナム　Daiwei Express Vietnam	
				シンガポール　Sagawa Express Asia Pte. Ltd.	100.00
				フィリピン　Sagawa Express Philippines Inc.	40.00
全日本空輸	香港　All-Nippon Transport　リースを中心とする運輸、不動産、商事などの事業	香港　All Nippon Transport, Co., Ltd.　リースを中心とする運輸、不動産、商事、ホテル業	中国　北京新世紀飯店(有)　ホテル、事務所ビル経営	香港(中国)　All Nippon Air Service Co., Ltd.	100.00 / 100.00 / 32.00 / 99.90
		アメリカ　ANA Hotels Hawaii Inc.　ホテル経営	香港　All Nippon Air Service Co., Ltd.　商事、不動産	イギリス　ANA World Tours (Europe) Ltd.　旅行業	44.00 / 45.00
		サイパン　Micro Pacific Development, Inc.　ホテル経営	イギリス　ANA Hallo Tours (Europe) Ltd.　旅行業、ツアーオペレーター	フランス　ANA World Tours (France) S.A.　旅行業	5.20 / 100.00 / 30.00
			オランダ　ANA International Europe, B.V.　持株会社	アメリカ　ANA Hotels & Resorts (U.S.A.) Inc.　持株会社	100.00 / 100.00
			アメリカ　ANA Hotels Hawaii Inc.　ホテル経営	ANA Real Estate Hawaii, Inc.　不動産業	36.00 / 49.00
			ANA Hotels & Resort (U.S.A.) Inc.　ホテル経営	International Flight Training Academy Inc.　航空機使用事業	100.00 / 100.00
			ANA Real Estate Hawaii, The FLT One & Two Inc.　不動産業		20.00
			International Flight Training Academy Inc.　航空機使用事業		100.00
			ANA Hotels San Francisco, Inc.　ホテルの経営		100.00
			San Pedro Realty & Invest, Inc.　不動産の賃貸		100.00
			ANA Holding Pty.　持株会社		100.00
			オーストラリア　Lilyvale Hotel Pty. Ltd.　ホテルの所有及び運営		96.40

（出所）前表に同じ。

動がとられた．航空業のほか，私鉄もこれと同様のケースにあてはまるものと考える．

「航空業」や「鉄道業」（私鉄）は国内においても旅客輸送を中心とした付帯的なサービスを展開してきた．しかしながら，海外では国内と同様の競争上の優位性を獲得することができなかったゆえに，やがて撤退しなければならなくなったと考えられる[4]．これに対して「陸運」「倉庫・物流関連業」「その他運輸サービス」は戦後の発展の中で競争力を蓄積し，それを海外事業展開にも活かそうと試みている．とりわけアジア地域に数多く進出しているのは，日本で培った物流サービスをそうしたサービスの展開が遅れているとみられる地域に進出することによって競争力を発揮しようとしたと考えられる．中でも成長いちじるしい中国への進出が目立っていることから，次節では中国域内における物流事情についてみてみよう．

第3節　中国における物流の変容

(1) 90年代の中国——日本通運の経験——

日本通運は1992年に中国大連保税区に日本初の現地法人を設立した．しかし当時の中国には物流という概念がなかった．その当時の様子は，以下のようであった．

「計画経済下の中国には物流という概念がなかったし，必要もなかった．国有企業は，国の計画に基づいて生産するところまではやるが，それを売ることに関しては無頓着だった．製品をつくったほうの立場が強く，買いたい者が自分からやってきた．また，生産するための原材料の調達は，国が手配してくれたものをこちらからとりに行っていた．国有企業は，自社内に汽車隊（自家用トラック隊）を有していて，そのトラックで原料や部品などを買いに行く．遠隔地の場合，さすがに自分で行くことはせず鉄道を利用する

が，この場合には，売買契約で貨車に積み込むところまで先方の責任でやってもらうことを確認し，その運搬に要する費用の分までを含めた代金を支払っていた．売るほうは，貨車に荷を載せるところまで責任をもつが，そのあとは関係ない．送ったという通知も出さない．その荷が駅に着くと，駅から到着通知が送られてくる．そこで，その荷を自分のトラック隊で取りに行く．材料が予定通りにつかない場合はその日の操業は中止……．これが計画経済下の物の流れだったという．」[5]

こうした問題はただ中国一国の問題にとどまらない．経済のグローバル化の進展に伴いアジア間分業によって国際間でのモノの移動が活発化している．モノの移動は発地点から着地点までのすべての行程において円滑でなければならない．一部分にでも支障があれば物流は十分に機能しなくなる．とりわけ日本国内の物流および国際物流が進展すればするほど，相手国域内における物流問題が顕在化することになる．

(2) 佐川急便における中国での宅配便事業の取り組み

2002年8月，佐川急便と住友商事および大衆交通（集団）有限公司（本社：上海市，総経理：楊国平）の共同で合弁会社「上海大衆佐川急便物流有限公司」を設立した．同社は中国初の宅配便事業会社である．

【会社概要】
社名：上海大衆佐川急便物流有限公司（SHANGHAI DAZHONG SAGAWA LOGISTICS CO., LTD）
本社：上海市
資本金：3,500万元（約5億6,000万円）
株主構成：大衆交通（51.0％），佐川急便（24.5％），住友商事（20.0％），
　上海住友商事（4.5％）

「上海大衆佐川急便物流」に与えられた目標は「日本の佐川急便のサービスを，上海でもまったく同じ品質レベルで展開すること」だった．同社総経理塚田勝彦は当時の取り組みを以下のように述懐している．

「上海ではアゴを上に突き出すのは『おはよう』という意味だそうだ．（中略）配達先が中国の企業や家庭なら特に問題はないのかもしれない．しかし日系企業のオフィスでは到底受け入れてもらえないだろう．（中略）宅配便会社にとって街中を走行するトラックは，いわば『会社の顔』である．それだけに日本ではトラックを洗車して常に綺麗な状態に保っておくことがドライバーの日課となっている．しかし中国にはそんな習慣がなかった．トラックが埃を被ったままの状態であっても，ドライバーたちは何喰わぬ顔をして配達に出掛けていく．」[6]

中国における宅配便事業を成功させるには，日本で成功したビジネスモデルを中国にそのまま移植することにあると佐川急便は考えた．それは前述したように海外事業を成功させるための要素である．しかしながら，いざ移植するにも日本において至極当然のことと考えられていた挨拶や洗車といったことも，中国ではそのようには受け取られなかったために，そうした細かな点から教える必要があった．ただし，こうした中国での宅配便事業の展開について佐川急便会長兼社長の栗和田栄一は次のように述べている．

「中国のような国でサービスという概念が本当に定着するのか，始めは半信半疑でしたが，実際にやってみたら思いのほか上手く回っている．お辞儀に慣れている日本人と違って，中国人は頭を下げることを屈辱的に感じるようですが，それも教育によってクリアできる．笑顔やサービスがお金になるということを理解すれば行動できる．そして顧客にもそれが評価されることが分かってきました．今は日本で培ったビジネスモデルがアジア全域で通用

すると確信しています。」[7]

第4節　まとめ

　グローバル化の時代の物流は，ひとつには国際物流の進展があげられるが，もうひとつ忘れてならないのは域内物流の重要性が増すことである．一方の国の高度な物流にもう一方の国も追いついていなければ物流全体は十分に機能しなくなる．とりわけ今後のめざましい成長が望まれるBRICs（ブラジル，ロシア，インド，中国）に対しては，中国の物流事情でも指摘したように，日本の物流技術をどう移植できるかが鍵となる．しかしながら，そうした取り組みがある中で，日本型の物流システムをそのまま移植することができるだろうか．その国に見合った物流システムを国際間の物流とも適合しながら構築できないものだろうか．それというのも，物流の概念自体が国ごとに同一のものであるかということに疑問があるからである．たとえていえば，どの国でも必ず迅速な輸送がもとめられるであろうか．

ケース・スタディ

「宅急便」をモデルに成長する中国資本宅配便会社：宅急送

　宅急送は日本の宅配便サービスをヒントに94年に車両3台で中国での宅配便を行った．最初は便利屋から始まったようである．同社の陳平は創業時を振り返り以下のように述べている[8]．

　「当時，依頼をうけて，よく鉄道の貨物駅に荷物を受け取りに行っていました．すると，荷物が駅で山積みになっている．鉄道会社にはそれを捌く能力がない．駅で貨物が滞留しているわけです．そこで鉄道会社と提携して，駅で荷物を受け取ってお客様のところまで届けるというサービスを始めました．すると今度は届け先のお客様から発送処理を頼まれるようになる．そうやってビジネスが大きくなってきました．（中略）当時，中国には通運事業が確立していませんでした．鉄道輸送は国営で，しかも駅から駅に運ぶだけ．民間企業で通運的な事業を行っているところは多少あったようですが，北京にはそうした業

者もいなかった.」

　前述したように，90年代の中国には「物流」の概念はなかったため，当初の顧客は中国企業ではなく外資系企業が主力であった.

　「当時，国内企業には物流を外注するという認識がなかったからです.物流は自分でやるものでした.そのために創業当初は売上の90％以上が外資系企業の仕事でした.しかし今は違います.中国企業も物流をアウトソーシングするようになりました.今や当社の扱う物量の70％が国内企業の仕事になりました.」

　日本の「宅急便」（クロネコヤマト）のビジネスモデルは「物流」という概念がなかった中国にわたり，中国人の手によって徐々に市場が開拓され，中国の物流事情を大きく変えようとしている.

☞　注）
1) 中田信哉・湯浅和夫・橋本雅隆・長峰太郎『現代物流システム論』有斐閣，2003年，p. 157.
2) トヨタ生産方式については，大野耐一『トヨタ生産方式―脱規模の経営をめざして―』ダイヤモンド社，1978年などを参照されたい.
3) 安定成長期における在庫管理技術の発達については，中村隆英『日本経済―その成長と構造（第3版）』東京大学出版会，1993年，p. 231を参照されたい.
4) 国内における競争優位性の海外移出については，吉原英樹編『国際経営論への招待』有斐閣，2002年における，第13章「非製造企業の国際経営」を参照されたい.
5) 「物流の概念がなかった国で道を開く―日本通運」『中央公論』1994年12月号臨時増刊，pp. 192-193
6) 「佐川急便―中国人セールスドライバー育成法」『LOGI-BIZ』2005年4月号，p. 14
7) 佐川急便会長兼社長栗和田栄一「舞台をアジアに拡げて列強を迎え撃つ」『LOGI-BIZ』2005年7月号，p. 27
8) 以下，宅急送陳平総裁「物流サービスに国籍は関係ない」『LOGI-BIZ』2005年4月号，p. 22

参考文献

宮下正房・中田信哉『物流の知識（第3版）』日本経済新聞社，2004年
汪正仁『ビジュアルでわかる国際物流』成山堂書店，2004年
森隆行『外航海運概論』成山堂書店，2004年
森隆行『外航海運とコンテナ輸送』鳥影社，2003年
日通総合研究所編『必携　中国物流の基礎知識—ロジスティクスの実践に向けて—』大成出版社，2004年

第 9 章　グローバル時代の企業立地

<学習のねらい>

　21世紀にはいり，企業を取り巻くさまざまな環境はますます変化している．特に，20世紀末の冷戦終了とともに資本主義経済が世界中に拡大したことは，非常に重要な変化である．その結果，企業活動も従来の国境を越えることが珍しいことではなくなってきている．

　企業立地はこうしたグローバル化の影響をもっとも受けており，その対象は，従来の一国に限定から国境を越えて広がりをみせている．

　こうしたグローバル時代における企業立地論はより重要度を増しており，分析する対象も広がっている．本章の目的は，こうしたグローバル時代における企業立地について具体例を交えてわかりやすく解説することである．まずは代表的な立地論について学び，企業立地とは何かを摑む．続いてグローバル時代における企業立地のあり方について述べ，最後にケースをあげて説明することとする．

第1節　企業立地とは何か

　企業立地とは,「企業の目的を達成するためには,どこにオフィスや店舗,工場を建てるべきか」ということである.まずは,従来の代表的な立地理論として,ウェーバーの工業立地論,マーシャルの外部経済効果,ポーターのクラスター理論,ミリュー・アプローチをあげておく[1].

　ウェーバーは,工場の立地要因に関する研究を行った.ここでは,企業が工場の立地を考える場合,まず輸送費の最適化を重視するとした.原材料の採取地と消費地とを考え,原料の重量が重ければ,輸送費がかさむために原料採取地立地が選択され,逆に,加工した完成品の輸送費が高いのであれば消費地立地を選択するのである.たとえば,石油化学工場は採取地立地ではなく消費地立地である.この理由はいくつか考えられるが,石油は未加工のままのほうがタンカーで大量に輸送できるために輸送費が安いのに対し,その加工品は,さまざまな制約から輸送費が高くなることもその理由のひとつであると考えられる.鉄鉱石なども同様の理由が考えられよう.

　続いて,企業は労働費の最適化を考慮する.労働費とは主に労働者の賃金であり,これが可能な限り低く抑えられる地域を選択して立地するのである.さまざまなコストの中で人件費コストはもっとも割合の高いコストであり,これをいかに抑えることができるか否かが製品価格に大きな影響を与えることになる.たとえば,日本の製造業も低賃金の労働力を求めて都市から地方へ,地方から東南アジアへ,そして中国,ベトナムへと移転を繰り返している.これは,輸送費を考慮しても労働費コストの低下分で賄えるからである.

　ウェーバーは,企業がこうした立地要因を考慮しながら立地を選択しているとし,さらに,競合他社も同様に利益を求めて行動するため,そうした立地要因以外の利益が生じ集積が促進されるとしたが,これについて言及して

いるのがマーシャルである．

　マーシャルは，産業集積の外部経済について指摘している．企業は立地に際してさまざまな要因を考慮するが，その要因として外部経済効果がある．その効果として，①同一の熟練職種に従事する人びとが相互に近隣から得ることのできる利益，②補助産業の成長，③高度に専門化された機械の利用などがあげられている．

　①同一の熟練職種に従事する人びとが相互に近隣から得ることのできる利益とは，熟練技術の伝達に関することを意味している．熟練技術のもっとも効果的な伝達方法は，フェイス・ツー・フェイスで密接な関係を築きながら伝達する方法である．産業集積においては，一定範囲の地域に企業が集中するため，そうした密接なコミュニケーションが行いやすい．

　②補助産業の成長とは，当該産業を支えるための補助的業務に特化した企業が多数，立地するようになることである．たとえば，会計事務所や弁護士，税理士など事務のアウトソーシング企業が産業集積地に集まり，これによって，主産業がさらに発展し，その結果，集積が進行するとさらに補助産業も成長するというポジティブ・フィードバックが展開されることになる．

　③高度に専門化された機械の利用とは，それらの機械を共有するなどの効率的な利用が可能になるということである．高度に専門化された機械は高価であり，また，汎用性が低いため，特に中小企業一社での購入は困難である．しかし，地理的に近接した状態である集積内では，共同利用することが可能となる．

　これらの優位性が発揮されるために産業集積が特定地域において発生するとマーシャルは指摘した．マーシャルの指摘は現代においても十分に通用するものであり，次に述べるクラスター理論やミリュー・アプローチは，こうした外部経済をより幅広く，また詳細に研究したものであるといえる．

　ポーターは，企業競争の激化とともに立地の重要性は高まると指摘し，さらにクラスターという産業集積の発展的概念を用いて説明した．彼は，産業

集積を単なる企業の集積ではなく，大学などを含めた幅広い集積という意味でクラスター（ぶどうの房）という言葉を使用し，「特定分野における関連企業，専門性の高い供給業者，サービス提供者，関連業界に属する企業，関連機関（大学，規格団体，業界団体など）が地理的に集中し，競争しつつ同時に協力している状態」と定義している[2]．その効果は，第1にクラスターを構成する企業や産業の生産性の向上，第2に企業や産業のイノベーション能力を強化し，生産性の成長を支える，そして，第3にイノベーションを鼓舞し，クラスターを拡大するような新規事業の形成を促進することの3点である．この事例としてシリコンバレーにおけるIT産業クラスターやカリフォルニアのワインクラスターなど多数の産業集積を提示している．

最後に採りあげるのがミリュー・アプローチである．ミリューとは制度や習慣，風土などの文化的側面の同一性が高い領域において，企業が密接して活動し，集積を構成している場所である．ミリューに立地した企業は，そうした文化的・経済的両面の優位性を生かして相互にイノベーション創造能力を促進する．その優位性をまとめると，第1に伝達の困難な知識・情報の交換を容易にする，第2に個人的な関係という情報経路を発達させる，第3に共通のコミュニケーション様式によって情報交換を円滑にすることの3点である．これらの要因によって，ミリューは企業やそこで働く人びとの情報の入手可能性を高めている．それゆえにミリューに立地する企業は，相対的に高いイノベーション創造能力を獲得可能となるのである．

以上が，従来の代表的な立地理論であり，いずれも現代においても，さまざまな示唆を与えている．

第2節　グローバル時代の企業立地

グローバル時代の企業経営の特徴は，繰り返すことになるが，ヒト，モノ，カネ，情報・知識といった資本が，国境を越えて自由に移動することが

可能となっていることにある．さらに，インターネットによる情報移動は時間とコストを劇的に減少させた．そのため，立地に関する重要性の低下が指摘された．

たしかに，地球の裏側の情報もネット上でリアルタイムで得られるようになり，国内や近隣諸国には日帰り出張などが可能となっている．ヨーロッパではEUが拡大し，国境という概念が希薄化する可能性もある．

しかしながら，こうしたことは，実は立地の重要性を高めることになっている．それは，グローバル時代の競争を勝ち抜くための鍵が，結局のところ，従来と変わらずイノベーションの創造だからである．

情報が瞬時に移動するということは，それをある国から外国へ移動させるだけで成立していた競争優位が消滅することを意味する．たとえば，インターネットの発達により，アメリカの流行が，ほぼ同時に全世界で簡単に見たり，聞いたり，手に入れたりすることができる．したがって，単純にモノを移動させたりするだけでは，競争優位を獲得することはできなくなっている．

そして，こうした環境においては，真のオンリーワンの差別化のみが競争優位として成立するのであり，優れたイノベーションの創造が必要とされる．

イノベーションは，さまざまな知識が相互作用し，新たな知識が創造されることから生まれるが，こうした知識にはヒトやその他の資源に付随している．そして，それらは，簡単に移動できないものが多い．たとえば，その土地にしか取れない資源があり，それを基にさまざまなイノベーションが創造されている場合，オンリーワンの競争優位の源泉を確保するためにも，その土地に密着する必要がある．世界遺産を擁する観光地などはその典型であろう．

また，真に重要な知識は人の頭の中に内面化されていて簡単に伝達できない場合が多く，直接的なコミュニケーション手段を活用せざるを得ない．直

接顔を合わせるコミュニケーションはもっとも効果的であるが，距離が離れれば離れるほど困難になる．こうしたコミュニケーションは，先にみたミリュー・アプローチによると，社会的，文化的背景を共有するほうがより効果的に行うことが可能であり，このことも地理的な重要性を増大させている．

このように，グローバル時代における企業環境を，イノベーションを中心にしてみてみると，立地の重要性が改めてクローズアップされることが分かる．グローバルに広がる市場や交流範囲を効果的に活用しつつ，同時にローカルに得られる競争優位を最大限に活用することが必要となるのである．次節では，こうしたグローバル時代における企業立地について，より具体的にみていくことにする．

第3節　グローカル立地と産業集積

グローバル化が進む世界において，企業立地はどのような方向性をもつのであろうか．ひとつはグローバル化とともに徹底的にローカル化を図る，すなわちグローカル化することである．一見矛盾しているようにみえるが，これは物事の表と裏である．

グローバル化とは，立地に関していえば，海外立地を意味する．となれば，現地生産や海外営業所の開設であるが，これは現地化を進めなければ成功の可能性は低い．すなわち，グローバル化を成功させるにはローカル化が必要となるのである．海外は，国内市場と異なり，社会，文化，歴史，習慣など大きく異なることが多い．したがって，本国のそれらをそのまま適用しようとすると軋轢を生み，失敗する．そこで，現地スタッフの充実，地域社会への貢献などが重要となるのである．

また，グローバル化競争に対抗するためのローカル化もありうる．たとえば地場産業や観光業である．地場産業は，そこで産出する原材料を求めて集積が形成されていることが多い．そのため，ローカルな強みである地場産出

原材料を強化することがグローバル競争を勝ち抜くための条件となる．

また，観光業であれば，世界で唯一，そこでしか経験できない観光資源を備えていれば，強力な競争優位となる．これもやはりローカル化を徹底することであろう．ただし，両者とも競争力をもっていなければ淘汰される．

また，過酷な競争を勝ち抜くために，技術競争力を上げるために，海外に移転していた製造拠点を国内に戻す動きもある．特に日本企業の場合，製品開発と製造現場との距離を近くし，コンカレント・エンジニアリングを行えることが競争優位のひとつであった．海外への生産拠点の移転はこの強みを減少させてしまう可能性がある．そこで，あえて国内に製造拠点を建設し，単純なコスト競争だけでない，真の競争優位を創造する必要があるのである．自動車産業は，トヨタや日産が九州に新しい工場を2006年に建設し，また，ホンダも埼玉を中心に国内工場の建設を計画している．

この他にも，国内へ回帰する理由として，競争優位の源泉となる知識の流出を防止することがあげられる．2006年現在，液晶パネル関連において世界的なシェアと競争力を誇るシャープは，三重県亀山市に大規模な工場を稼動させている．この工場の特徴は，ブラックボックス化とよばれる機密保持のための仕組みであり，非常に厳重なシステムの下，製造技術が外部に流出しないように努めており，その結果，高い競争力を実現している．

グローバル時代の立地戦略としてもうひとつ重要となるのが産業集積であり，グローバル時代の特徴を踏まえるとますます重要性が増してきている．

繰り返すが，グローバル時代の競争に生き残るために重要なことは，イノベーションを継続的に創造し，競争優位を確立していくことである．また，それは同時に，差別化を徹底的に図ることでもある．産業集積はこの2つの点において，非常に優位性をもつ．

まず，イノベーションの創造を促進する点である．イノベーションの創造は，基本的には知識の相互作用による新しい知識の創造を基本とする[3]．これらの知識変換プロセスは，人間の相互作用による．たとえば，組織で知識

変換プロセスが促進されるには，各プロセスに適応した場が提供される必要がある．こうした場を，企業外部にも広がりをもたせることが重要となるが，産業集積においてはそれが容易となる．このことは，先に述べたミリュー・アプローチで証明されている．すなわち，第1にこうした相互作用をする場合，場を通じて直接的なコミュニケーションを行うことがもっとも効果的であるとされているが，産業集積では企業同士が近接しているために，それが容易に行える．後に述べる大田区の産業集積では，近所づきあいの中で情報交換が頻繁に行われており，それが競争優位のひとつともなっている．そして，第2に同じコミュニティに属することで，社会的文化的基盤を共有することができ，その結果，コミュニケーションがより容易に，またより深いレベルで行うことが可能となるからである．

　もう1つの優位性であるが，それは差別化を容易にするという点である．産業集積はさまざまな要因によって形成されるが，それぞれの集積によって独特の要因をもつことになる．地場産業であれば，そこで採取される原材料が大きな要因であるし，あるいは特殊な工作技術をもつ人材が多く排出されることが要因である場合もある．たとえば，前者であれば陶磁器のためのよい土が産出される愛知県瀬戸市であり，後者であれば精密機械工業の集積がある長野県諏訪地域である．こうした地域は，それぞれの独自性を集積によってさらに強化させながら発展している．したがって，他地域との差別化はより強固になり，そこに属する企業もその恩恵を受けることとなるのである．

　この2つの要因により，産業集積に属する企業はイノベーション競争を優位に進めることが可能となるため，現在，非常に注目されているのである．

第4節　ケース・スタディ

　トヨタは，2008年度には生産台数世界1位を目指して，グローバルに活動

を展開している．そのための大きな柱のひとつが現地生産の拡大である．日本からの輸出は，さまざまな政治的規制が絡んだり，為替の問題もあるなど非効率的である．また，現地のニーズを的確にとらえることもむずかしい．こうした問題点を解決するために，トヨタは現地生産の拡大を図っている．具体的には，成長市場である中国，ロシア，東南アジア諸国，インドなどに自動車供給をスムーズに行えるように生産拠点を建設している．

　まず，中国であるが，従来の天津に加え，広州に巨大工場を建設中である．中国は2005年にはドイツを抜いて自動車生産台数で世界第3位となり，2006年には日本も抜くことが確実視されている．こうした巨大市場をめぐって各国の自動車メーカーがしのぎを削っている．これまで圧倒的首位を誇っていたVWに代わって台頭しているのが，トヨタ，ホンダ，日産の日系3社と現代である．各社共に，中国現地生産を拡大している．こうした動きに対抗するための拠点が広州であり，今後は最先端のハイブリッドカーの生産なども行う予定である．

　ロシアにはサンクトペテルブルグに2007年に新工場が完成する．ロシアは中国，インド，ブラジルとともにBRICsとよばれ，高度成長国として現在，注目を集めている．こうした動きに沿って，トヨタもロシア市場を開拓するために，現地工場を建設することを決定している．ただし，当初は部品を輸入して現地で組立のみを行うノックダウン方式である．また，同時期に日産やGMも工場進出を計画しており，今後，ロシアにおいても中国と同様の激しい競争が繰り広げられると思われる．

　最後にアジアは，以前から成長地域として注目されていたが，トヨタは「IMV（世界戦略車）」の開発を打ち出し，2004年からタイで生産を始めている．現在は，ASEAN地域のFTAを活用して，周辺諸国から部品を調達し，アジア全域やアフリカ，南米に輸出している．今後は，アルゼンチン，南アフリカでの生産も計画している．このIMVは日本の工場などとは切り離し，部品調達や生産，販売まで完結させる初めての試みであり，グローバ

ル競争時代へのトヨタとしての対応策である．

　他方で，トヨタは北九州に最新鋭の工場を新設し稼動させている．トヨタ自動車九州は，国内では愛知県以外で初めてのエンジン工場であり，また，レクサスを生産する2つの組立工場のうちの1つである．トヨタは，世界展開を実施するにあたり，生産現場の技術の蓄積，また生産現場と商品企画や販売企画との距離感を重要視した．その結果，国内に工場を建設することが最適であると判断し，また，今後の中国への輸出をも視野にいれ，北九州に工場を建設することにしたのである．新エンジン工場のある苅田には日産の工場もあり，大分のダイハツ工場なども含め，北九州に自動車産業集積が形成されつつある．

　第2のケースとしては，国内において，高度な集積が形成され，海外へ向けても発信を行っている大田区の中小企業集積についてみていくことにする．東京都大田区は世界でも稀な中小製造業の集積地として有名である．ここにくればできないものはないとまでいわれ，最盛期の1983年には9,000社が集積し，その後大幅に減少したとはいえ，2003年時点でも約5,000社が集積している．

　ここは，戦後，京浜工業地帯にある大企業の下請けとして発展した．金属機械加工を中心にさまざまな企業が密集しているが，10人未満の小規模工場が8割を占めている．こうした中小企業は，景気の波に翻弄されることが多く，大田区も例外ではなかった．オイルショックやその後の空洞化などへの対応に追われ，バブル経済崩壊後は，先にも示したように企業数は激減している．しかしながら，オンリーワンの技術をもつ企業が数多く立地し，また，密集しており，そこで情報交換が頻繁になされるため，大企業の単なる下請には止まらない可能性ももっている．

　区や地域の振興組織も，それらについては対策を考えているところであり，現在では，技術力の高さを全世界に発信することを始めている．具体的には，インターネット上において「研究開発マッチング・システム」を展

開,研究者や他企業との連携を模索し,他にも「大田区製造検索ポータル」[4] を開設して各個別企業の紹介を行っている.そして,これらとともに実際に対面で行う商談会を国内のみならずアジアを中心に海外でも展開している.これらの動きに対応して,徐々にではあるが海外からの受注も増えつつあるようである.

立地における独自性を競争優位としてもっとも活用することが可能なのが観光業である.観光業は,その土地にしかない独自の観光資源がどれだけあるかが重要であり,日本の観光産業はそうした点を再確認し,活動を強化しつつある.

日本は2003年より,観光立国を目指し,海外からの観光客を増やすべく「ビジットジャパン・キャンペーン」を開催している[5].これは,日本人の海外旅行者が約1,600万人であるのに対して,日本を訪れる外国人旅行者は,その3分の1以下の約500万人に過ぎないことから,その格差をできる限り早期に是正するための国家戦略の一環として行われているものである.それにしたがい,2005年の愛知万博の開催に合わせて,中国や韓国からのビザなし渡航の解禁などが行われるなど,特にアジアからの観光客の誘致に動いている.

こうした動きを受けて,国内観光産業はアジアからの観光客誘致をより活発化させている.特に,地方の観光地はバブル経済の痛手をもっとも被っており,国内観光も戻りきらない状況で海外からの観光客に大きな期待を寄せている.

たとえば,北海道もこの例に漏れず,バブル期には東京や大阪の資本が相次いで進出し,スキー場などの大規模リゾート開発が進んだが,バブル崩壊後には閑散とした施設だけが残されることとなってしまった.こうした状況を打開すべく,高成長を遂げている韓国や中国からの旅行客を誘致することとなった.北海道には,良質のスキー場や世界遺産登録もされた知床など競争力のある観光資源が多数存在する.こうした点に着目し,海外からの注目

も高まっている．

具体的には，北海道はもちろん，札幌市や函館市などが，旅行会社やスキー場と連携し，各国で説明会を開催したり，テレビCMを放送するなど活発に活動を行っている．また，地元においても，案内板や標識などの中国語，韓国語表記の増設，外国人スタッフの増強などが行われている．その結果，2005年には台湾，韓国，香港，中国，シンガポールなどアジアから，前年比約30％増の約25万人が訪れている．このほかにも，北海道のニセコスキー場はオーストラリアからの集客に成功し，他地域からの目標とされている．

こうした動きはその他地域にも広まっており，たとえば，北陸地方は中国各地と地元空港をチャーター便で結び，観光客の誘致を図っている．また，九州は以前から韓国，香港，中国との結びつきを強めており，2005年には海外からの入国者数が前年比11％増の72万人となった．

今後は，こうした動きはさらに活発となることが予想されるが，独自性をどこまで発揮できるかが鍵を握るであろう．

注）

1) この他にも多数の立地理論が研究されているが，今回は産業集積という現象に焦点を合わせて選ばれている．それは，グローバル時代のカギを握るのがイノベーションの創出であり，産業集積がそれに大きな影響を与えるからである．
2) M. E. ポーター著，竹内弘高訳『競争戦略論Ⅱ』ダイヤモンド社，1999年，p. 67
3) 詳しくは，本書第13章および野中郁次郎『ナレッジ・イネーブリング』を参照のこと．
4) 大田区製造業検索ポータル http://ota-tech.net/
5) ビジット・ジャパン・キャンペーン実施本部事務局ホームページ http://www.vjc.jp/

参考文献

A. ウェーバー著，篠原泰三訳『工業立地論』大明堂，1986年

A.マーシャル著, 馬場啓之助訳『経済学原理』岩波ブックセンター, 1985年
M.E.ポーター著, 竹内弘高訳『競争戦略論Ⅰ, Ⅱ』ダイヤモンド社, 1999年
野中郁次郎・竹内弘高『知識創造企業』東洋経済新報社, 1996年
金子逸郎『工業経営のラディカル・イノベーション―21世紀の企業家精神』中央経済社, 2000年
ゲオルク・フォン・クロー・野中郁次郎・一條和生『ナレッジ・イネーブリング―知識創造企業への五つの実践』東洋経済新報社, 2001年
財団法人大田区産業振興協会ホームページ http://www.pio.or.jp/

第10章　グローバル企業とIT技術

〈学習のねらい〉

　本章では，ソフトウェア産業におけるさまざまなグローバル企業で用いられているオープンソース開発の特徴を開発者間の協調関係の発生ととらえ，起源をIT技術の発達の歴史とともに明らかにすることと，その開発者の協調関係の継続性について説明する．

　一般的に，協調関係などの制度の発生は次の3つの場合に起こると考えられる．

① 政策的・慣習的な協調関係の強制
② 無限回繰り返しゲームなどによる協調関係の自然発生
③ 人間の行動が意図性をもっていることによる協調関係の発生

　Linux開発でみられる協調関係は，ここにあげた3つの協調関係を生み出す要因が重なり発生し，その協調関係を継続させる条件を満たしていると考えられる．

　Linux開発に参加する開発者が，無料で開発に参加する理由は，合理的に判断しても協調関係が発生し，その協調関係を維持可能とする要因のひとつとしてネットワーク化の進展をあげることができる．またOSというソフトウェアの特徴はシステム財でありネットワーク財でもある．つまり，非常に強いネットワーク外部性が働く財であると考えられる．協調関係を発生させるのはネットワーク外部性によって，競争の結果の差が非常に大きいことが理由となる．

　無償で開発に参加する個人の協調行動については，個々の開発者は利用価値でソフトウェアを生産する．Linux開発に参加する，個人の動機を考えてみるとネットワーク外部性が存在するOSのようなソフトウェアは，開発に参加しないただ乗りのユーザーであっても，そのソフトウェアを利

用することで外部効果が発生する．開発したプログラムを無償で提供しても，そのためにソフトウェアの利用者が増えれば，そのソフトウェアの利用価値は上がり，ネットワークが拡大するにつれてその開発コストは相殺されると考えられるからである．ネットワーク外部性が働く財でその効果を認識する開発者の場合，個々の開発者は協調することが支配戦略となり，合理的な行動となる．ネットワーク外部性はLinux開発コミュニティだけがもつ特有のものではない．ネットワーク外部性が働くソフトウェアにおいて，オープンソース開発は維持可能なだけでなく，市場を拡大させる戦略としても有効であり，企業の戦略としてソフトウェアをオープンソースにする可能性はこれから高くなると考えられる．

第1節　はじめに

インターネットの普及とほぼ同時に登場した Linux は，1991年に Linus Torvalds 氏のニュースグループでの呼びかけによって開発が始まり，現在も継続されている．この OS の利用者は，商業ベースの OS として市場の成長率より高い成長を続けるだろうと考えられる．なぜなら，商業ベースに乗らない OS として始まった OS のため，商業ベース以外で，つまり無料で LinuxOS を使用している利用者はさらに多いと考えられるからである．

無料で使える OS ということで非常に注目を集める Linux であるが，それを可能にしたのはオープンソースというソフトウェアの開発手法である．そこで本章では，ソフトウェア産業におけるさまざまなグローバル企業で用いられているオープンソース開発の特徴である開発者間の協調関係の発生の起源を IT 技術の発達の歴史とともに明らかにするとともに，その協調関係の継続性について考察する．

第2節　OS の役割とオープンソースの定義

最初に，OS という製品のもつ特徴と，Linux 開発モデルであるオープンソースの定義について明らかにする．

(1) OS の役割

「ハードウェア，ソフトウェア両方のコンピュータ活用に必要なすべての資源をその管理下に置き，システムの中核に位置して，コンピュータでの仕事の効率的な遂行に完全な責任をもつものである」（今井賢一『ソフトウェア進化論』1989）．

これは，さまざまな機能をもつ基本的なソフトウェアを統合し，提供する

システム財としてのOSである．

これらの機能と同時に現在のOSの役割はネットワークへの接続の窓口としての役割の重要性が増大している．つまり，かつてのようにハードウェア，アプリケーション・ソフトウェアの効率的な制御だけではなく，ネットワーク上にある情報(もしくは知識)へのアクセスとネットワークに情報を提供するというインフラ的な役割が重要視されていると考えられる．これはネットワーク財としてのOSである．

(2) オープンソースの定義

オープンソースの開発ではユーザーには，主に次のような権利が保障されている．

① プログラムのコピーを自由に作り，それを配布する権利
② ソフトウェアのソースコードを入手する権利
③ プログラムを改良する権利

(＊注：オープンソースにはさまざまなライセンス形態があり，そのライセンスによってさまざまな制限が付く場合がある．)

まず①の定義は，オープンソース開発はコピーライトに対してコピーレフトといわれる再配布の権利を明確にしている．

②，③番目の定義は，ソースコードにはソフトがどのように機能するのかという情報が書かれている．普通の商用ソフトウェアがこのソースコードを公開することはない．それはソフトウェアに企業秘密が書かれていて，競争優位はそこにあると考えているからである．公開するとしてもマイクロソフトのウィンドウズのようにソースコードライセンス契約という高額の契約を結んで公開する場合に限られる．それに対しオープンソース開発は誰にでも無料でソースコードを公開し，改良してもよいことになってる．これは改良したものも必ず公開されるので，さまざまなノウハウや技術が共有されることとなり，よりよいソフトが生まれるはずである，という信念のもとに公開

されていると考えられる．

しかし，このオープンソースの権利だけをみてもなぜ OS のような複雑なソフトウェアの開発が継続的に可能なのかはわからない．次節以降で，一般的な協調関係が発生する条件と協調関係が継続する条件を明らかにし，Linux 開発において協調関係がどのように発生し，継続可能になったかを考察していく．

第 3 節　協調関係の発生とその継続性

(1) 協調関係の発生

一般的に，協調関係などの制度の発生は次の 3 つの場合に起こると考えられる．

① 政策的・慣習的な協調関係の強制
② 無限回繰り返しゲームなどによる協調関係の自然発生
③ 人間の行動が意図性をもっていることによる協調関係の発生

①は，権威や文化によって協調関係を強制することである．政府や企業において一般的だと思われる．

②は，ゲーム理論で一般的にいわれる協調関係の発生の条件である．囚人のジレンマゲームにおいて協調関係を生み出す条件として無限回の繰り返しゲームが必要とされる．

③は，個々の人間は意図性（限定された合理性）をもっており，制度（ここでは協調関係）を合理的に判断して意図的に行動し，その行動がさらに制度を変化（維持もしくは衰退）させるという考え方である．

(2) 協調関係の継続性

発生した協調関係を継続させる条件としては，それぞれ，

① 権威や文化が継続すること

② モラルハザードに対するサンクションが存在すること
③ 取引費用などの効率性を持続させること

が必要である．

　Linux 開発でみられる協調関係は，ここにあげた3つの協調関係を生み出す要因が重なり発生し，その協調関係を継続させる条件を満たしていると考えられる．協調関係の発生とその継続の条件を Linux 開発において検討することで，そのことを明らかにしたい．

第4節　協調関係の発生と開発者の文化

　本節では，前節で述べた①の政策的な協調関係の強制，②無限回の繰り返しゲームによる協調関係の発生について，1960年代に現れる初期のコンピュータ利用者から現在のソフトウェア開発者の間にみられる，いわゆるプログラマー文化の発生とその継続の流れを検討することで，Linux 開発にみられる協調関係の発生の起源を明らかにする．

(1) 初期のコンピュータ利用者

　初期のコンピュータは非常に巨大かつ高価なものであって，大学や研究所に1台しかないような環境であった．少数のコンピュータを共同で使う研究者や学生にとって，ハードウェアを共有すると同時にソフトウェアも共有するということは当然のことと考えられていた．また，他人のプログラムを自由に使うことができたが，プログラムのバグをみつけた場合，みつけた人がそのバグを直すという行為が繰り返し行われていった．この行為が続けられることでプログラムが洗練されると同時にあるルールも自然発生したと考えられる．そのルールとは，ソフトウェアを共有し，協力して開発することである．

　ここに初期のコンピュータ利用者間の協調関係の原点をみることができ

る．しかし，当時の状況は狭い共同体の内の協調関係の発生であり，モラルハザードに対するモニタリングのコストも少なかったと考えられる．またコンピュータは限られた台数しかないため，モラルハザードに対する制裁は，コンピュータを使えなくなることを意味し，非常に強いものであった．

(2) AT&T 版 UNIX の登場

1969年に AT&T のベル研究所で開発が開始された UNIX は，75年まではライセンスが存在せず，研究目的の大学には，テープ代とマニュアルのコピー代だけの手数料のみで「ソースコード付」で手に入れることが可能であった．さまざまな用途に UNIX が使われ出すと AT&T はライセンスを発行することになるが，大学へは実費のみで配布されていた．ここに「ソースコード付の配布」「無保証」「ユーザーが改良できる」というオープンソース開発の原点を見つけることができる．AT&T が当時反トラスト法によって特定分野以外への参入を規制されていて，OS を製品化することが不可能だったことも大きな要因であるが（その証拠に1984年の分割以降商用版 UNIX の開発とそのライセンシングに力を入れる），初期のコンピュータ利用者の間に存在したルール（ソフトウェアは共有し，共同で開発する）が当時の UNIX 開発者の中にも存在していたことは十分に考えられる．

(3) BSD 版 UNIX の登場から分裂へ

1977年カリフォルニア大学バークレー校で AT&T 版 UNIX を改良して拡張機能やさまざまなツールを追加したものを配布し始めた．初期の BSD 版の UNIX は AT&T 版 UNIX のライセンスがあれば取得でき，独自のライセンスは発行されていなかった．後に BSD のライセンスを発行するが，BSD 版の UNIX を利用し商用に販売することも自由にできた．

時を同じくしてパーソナルコンピュータという新たなハードウェアが登場し商品としての OS やソフトウェアが登場するのもこの時期である．すなわ

ちソフトウェアは無料で共有されるものではなく，商品価値が存在する消費財として一般に認識されるようになっていく．

また1982年にはサンマイクロシステムズが設立され，ワークステーションという新たな安価な UNIX 用のハードウェアが提供されるようになり，企業や大学などにおいて1人1台のコンピュータをネットワークで接続するという形態が主流となる．UNIX の開発や UNIX 用のアプリケーション・ソフトウェアの多くは，ネットワークを通じて開発者とユーザーに共有され，共同で開発されていくことになる．

これらの一連の出来事（ライセンスの問題，消費財としてのソフトウェアの出現，ネットワーク化の進展）は，かつて初期のコンピュータ利用者の共同体的な協調関係のルールに対するモラルハザードのインセンティブを高めると同時に，モニタリングの容易さを徐々に失うこととなった．その結果 UNIX は，さまざまな商用の互換性のないバージョンに分裂し，その多くは存続することができなかった．

この UNIX の結果はソフトウェアを共有してきた開発者とユーザーにとってソフトウェアを分裂させることがタブーとして意識されることになる．

(4) GNU GPL の役割

1980年代の UNIX の分裂などに象徴される OS の商用ソフトウェア化に対して，ソフトウェアはあくまでも共有されるべきであると考える人びとも存在していた．その中心となった人物がリチャード・ストールマンであり，彼が中心となり考え出したライセンスが現在のオープンソース開発の直接的な原型である．一般的に GNU 一般公有使用許諾書（GNU General Public Licence 略して GNU GPL）といわれるこのライセンス形態は，このライセンスで配られているソフトウェアは自己責任で自由に使用してよく，コピーの配布も自由である．またソフトウェアと同時に配布されるソースコードの改良も自己責任において自由であり，改良したものを配布することも自由で

ある．しかし，コピーされたソフトウェアや改良したソフトウェアもこの GNU GPL でライセンスしなくてはいけないというものである．

このライセンスにより一度共有されたソフトウェアは永久に共有され続けることが可能であり，誰かが独占的にそのソフトウェアを所有することができなくなる．つまり共有されたソフトウェアに対して，UNIX の分裂のようなモラルハザードをこのライセンスが抑える仕組みを提供した．

それと同時にソフトウェアを共有し，協調して開発するという，開発者の文化を明文化することで，その後の Internet の急激な普及のもとで，全世界に同様の文化をもつ多くの開発者とユーザーを広める役割も果たした．

第 5 節　ネットワーク化と Linux 開発者の協調的行動

本節以降では，Linux 開発における協調関係が個々の合理的な判断から生まれる可能性，協調関係の発生の条件③（第 3 節（1））について考察するが，本節では，Linux 開発と同時期に広がりつつあったネットワークが Linux 開発に与えた影響を検討する．

(1) ネットワーク化が果たした役割

Linux 開発に参加する開発者が，無料で開発に参加する理由は，人それぞれにあると考えられるが，合理的に判断しても協調関係が発生し，その協調関係を維持可能とする要因のひとつとしてネットワーク化の進展をあげることができる．

Linux の開発はネットワークで結ばれた個々の開発者が各個人の意思決定によって開発に参加している．インターネットで用いられているプロトコルである TCP/IP は1969年の ARPANET ですでに使われ始めていることから，インターネットに続くネットワーク化は1969年頃から始まったと考えられている．それ以降もさまざまなネットワークが徐々に広範な範囲でさまざ

図表10-1　OSの進化とネットワークの進化

	OS	ネットワーク
1960年頃	米国で各大学にコンピュータ設置開始	
1969	AT&T版UNIX	ARPAnet
1977	BSD版UNIX, Apple MS-Basic	UUCP
1980		Usenet
1981	IBM PC MS-DOS	CSNET
1984	Macintosh	
1986		NSFNET
1990		UUNET
1991	Linux	Internet
1995	windows95	

まなサービスを展開していく（図表10-1参照）．

　また，図表10-2からわかるように1985年以降にネットワークは大きく進化している．この爆発的なネットワーク化はソフトウェア産業にどのような状況を生み出したかを考えてみると，次の4つが考えられる．

　① 多様化の促進
　② 情報の分散処理化
　③ 間接費用の低下
　④ ネットワーク外部性

　①は，ネットワーク化と情報化の進展による情報費用などの低下は，マッチングコスト（必要な人材や取引相手をみつけるコスト）の低下を導き，製品や組織形態の多様化を生み出したと考えられる．ネットワークの進展によるマッチングコストの低下は，同じ戦略をもつ人（ソフトウェアを共有する）との近所づきあいの地域への依存がなくなり，協調関係のコミュニティを形成することが容易になったと考えられる．

図表10-2 インターネットの成長と変質

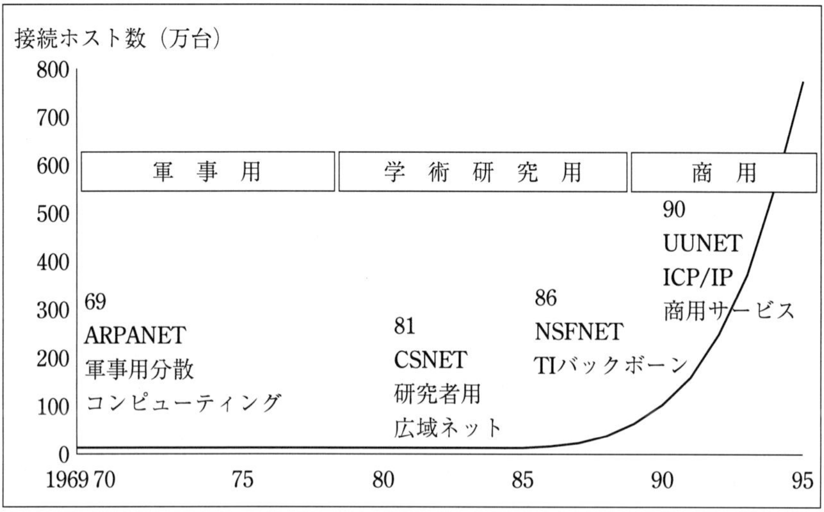

```
接続ホスト数（万台）
800
700
600 | 軍 事 用 | 学 術 研 究 用 | 商  用 |
500                                      90
400                                      UUNET
                                         ICP/IP
300  69                         86       商用サービス
     ARPANET        81          NSFNET
200  軍事用分散      CSNET       TIバックボーン
100  コンピューティング 研究者用
                     広域ネット
  0
  1969 70    75     80     85     90     95
```

出所）野村総合研究所ホームページ

②は，ネットワーク化と情報化の進展と同時に，情報の供給量も飛躍的に増大し，集権的な情報処理では対処できなくなり，情報の分散処理が必要になる．また同時に意思決定も分権化される．

③は，ネットワーク化と情報化の進展が，ソフトウェアなどの製品において間接費用（製品の複製，配布のコストなど）をいちじるしく低下させる．

④は，ネットワーク化と情報化の進展は，ネットワーク外部性（財，サービスの効用がその財サービス自身の使用価値だけでなく，同じ財を他人がどれだけ利用するかに依存する）の効果を増大させる．

　直接的効果：ネットワークのサイズが直接的に便益を増大させる効果
ネットワーク財（例：通信やネットワーク）に特徴的

　間接的効果：ネットワークのサイズが補完財の多様性増大や価格低下を促し，便益を増大させる効果

システム財(例:ハードとソフト)に特徴的

　この中でも特に④のネットワーク外部性という概念は個々の開発者が参加する動機として重要である．なぜならOSというソフトウェアの特徴として最初にあげたように，OSはシステム財でありネットワーク財でもある，つまり非常に強いネットワーク外部性が働く財であると考えられる．ネットワーク外部性が働く財において，今までの競争の戦略と同時に協調の戦略がしばしば採られることはよく知られている．たとえば，VHS対βの規格間競争である．

　協調関係を発生させるのはネットワーク外部性によって，競争の結果の差が非常に大きいことが理由となる．そこでの競争は市場のすべてを手に入れる規格とすべてを失う規格に分かれることになり，負け側の規格を採用した場合，移行コストやサンクコストといわれる多くのコストが発生し，後の競争に不利に働くことになり，そのため，ある規格をスタンダードにするためそれまで競合していた企業同士も協調的関係になることはしばしば市場において観察される．

(2) ケース・スタディ:Linux 開発者の協調行動の動機の合理的説明

　このようにネットワーク化，情報化により，このネットワーク外部性の効果が非常に大きく早く働くことになり，多くの人がこの効果を認識するようになったと考えられる．このネットワーク外部性がLinux開発の協調関係を発生させ，継続的な開発が可能となる合理的な説明を試みる．

　Linux開発の最大の特徴は，インターネットを利用している多くの開発者のコミニュティを巻き込んだ開発手法にある．Linuxが登場するまで，OSのような複雑なソフトウェアは，少人数でプロジェクトグループを作り，そのグループ内で慎重な協力体制を維持しながら開発するものと考えられていた．しかし，Linuxの開発は，初期の段階から，大勢のボランティアの開発者たちがインターネット上でコミュニケーションをとりながら共同作業する

形で進められていった．

　また Linux の OS としての品質の進化は，アップデートをきわめて頻繁に行うことで，加速度的に速まったと考えられる（第5章図表5-1参照）．多くの人間が個々の能力のもとに開発に参加し，その結果を頻繁にフィードバックすることは，進化のプロセスを商用ソフトウェアとは比較にならない速さで繰り返すことを可能とした．また，開発者間においては，自分の提供した能力と入手できる結果を比較することで，協調関係の有効性を確認することを容易にし，その協調関係を維持可能なものにした．

　また Linux の開発において，ソフトウェア配布に必要な ftp のスペースやコミュニケーションの手段となるメーリングリストやニュースグループは，インターネット上にある Linux のユーザーグループなどのサーバー上に提供されている．また開発するためのプログラムも Linux と同様に無料で利用することができる．そのためソフトウェアの生産コストのほとんどは，開発者の能力と時間のコストだけである．

　したがって無償で開発に参加する個人の協調行動については，

　① ソフトウェアは広く使われることで，その価値を高めることとなることを認識している．つまり，ネットワーク外部性の効果を十分に理解している．

　② 開発した財に対する市場価値を回収するのがむずかしいこと．個々の開発者は利用価値でソフトウェアを生産する．

　このような条件の下での Linux 開発に参加する，個人の動機を考えてみるとネットワーク外部性が存在する OS のようなソフトウェアは，開発に参加しないただ乗りのユーザーであっても，そのソフトウェアを利用することで外部効果が発生する．開発したプログラムを無償で提供しても，そのためにソフトウェアの利用者が増えれば，そのソフトウェアの利用価値は上がり，ネットワークが拡大するにつれてその開発コストは相殺されると考えられる．

図表10-3　ネットワーク外部性の協調関係への影響

従来のソフトウェア開発
非公開での販売価値で生産される
例：自分で独占販売したときの販売価値が4，開発コストが2で，公開した場合にはそのソフトウェアの利用価値2，外部効果1になると仮定すると
→公開しないことが支配戦略

Linuxのソフトウェア開発
公開した利用価値で生産される
例：利用価値2，開発コスト1のソフトウェアを開発し，ソフトウェアが公開されたときもつ外部効果を1としたときソフトウェアは公開すべきか？
→公開することが支配的戦略となる

	協調	非協調
協調	(4,4)	(1,5)
非協調	(5,1)	(2,2)

↔

	協調	非協調
協調	(5,5)	(2,4)
非協調	(4,2)	(1,1)

出所）筆者作成

　ここで次のようなゲームを考えてみよう．それぞれが利用価値4，開発コスト2のソフトウェアを開発し，そのソフトウェアが公開されたときもつ外部効果を2としたとき，そのソフトウェアを公開すべきか？非公開にするべきか（図表10-3参照）．

　ネットワーク外部性が存在しない財やそれを認識しない開発者の場合，ソフトウェア開発に参加するインセンティブは存在しないと考えられる．それに対してネットワーク外部性が働く財でその効果を認識する開発者の場合，個々の開発者は協調することが支配戦略となり，合理的な行動となる．つまり相手が協調であれ，非協調であれ，協調することがもっとも利益が大きい行動なのである．さらにネットワークの拡大がネットワーク外部性の効果の増大を見込めるため，ただ乗りのユーザーでさえ利用可能となる．これがLinuxの開発がボランティアで行われ，無料で利用可能な合理的理由だと考えられる．

そのためネットワーク外部性の効果を十分に確認できる場合，オープンソース開発における協調行動は維持可能となり，またその組織において，開発に参加するメンバーの多くは協調行動がもっとも利己的な行動であるため，人格や行動をモニタリングしたりスクリーニングする必要は一般的な組織と比較して低くなり，モラルハザードは起きにくいと考えられる．

(2) の場合，開発した財はそのままオープンにせずに自分で抱え込んでいるか，オープンにして市場に入れるかの選択があるが，前者の場合，その利用価値を得るだけでそのほかはなにも得られない．後者の場合，前者の場合と同様に利用価値以外なにも得られないかもしれないが，他の人が相互に与えあうようなルールができるようになれば（上述してきたようにソフトウェア開発者のコミュニティでは昔からそのようなルールが存在する），将来別の問題を解決してくれるような財の提供につながる可能性がある．後者を選択することはゲーム理論的な意味で，最適に利己的な行動であり，協調関係を発生させる．

第6節 まとめ

過去のプログラマのもつ文化や，自然発生した規範，協調行動を可能にする合理的理由から，Linux の開発は維持されていると考えられる．これらの複合的な要因により，Linux 開発が，多くの企業が参加し，個々の利益を最大化することを目的としても維持可能になっている．特に，ネットワーク外部性は Linux 開発コミュニティだけがもつ特有のものではない．ネットワーク外部性が働くソフトウェアにおいて，オープンソース開発は維持可能なだけでなく，市場を拡大させる戦略としても有効であり，企業の戦略としてソフトウェアをオープンソースにする可能性はこれから高くなると考えられる．実際，いくつかの企業はすでに市販されていたソフトをオープンソースで開発を始めていて，たとえば，Intel のセキュリティーソフトや Mozilla

のブラウザー，MacOSX などがあげられる．

参考文献

丹沢安治「進化する企業組織形態「アウトソーシング」における治税とデザイン」『専修経営学論集』第66号，1998年

奥野正寛「情報化と新しい経済組織の可能性」『市場の役割　国家の役割』東洋経済新聞社，1999年

松原敦『最新パソコン OS 技法』日経ＢＰ，1999年

レイモンド，E. S. 著，山形浩生訳『伽藍とバザール』光芒社，1999年

浅羽茂『競争と協力の戦略：業界標準をめぐる企業行動』有斐閣，1995年

山田英夫「新たなデファクトスタンダード戦略」『中央公論』中央公論社，1998年

國領二郎「ネットワーク上における「無償デジタル財」との競争」『慶応経営論集』慶應義塾経営管理学会，1999年

柴田高「技術規格の業界標準化プロセス」『慶応経営論集』慶應義塾経営管理学会，1998年

浅羽茂「競争と協力：技術戦略における競争と協調」『組織科学』組織学会，1998年

依田高典・廣瀬弘毅「ネットワーク外部性とシステム互換性」『経済論叢』京都大学経済学会，1995年

川崎和哉編著『オープンソースワールド』翔泳社，2000年

今井賢一編著『ソフトウェア進化論』NTT 出版，1989年

各図表は，すでに公開されているHP，資料より筆者が独自に作成した．

第11章　グローバル企業と財務報告基準

〈学習のねらい〉

　企業活動のグローバル化や資金調達のボーダレス化に伴い，各国の情報利用者は各国企業の状況を知るために，その財務報告を必要とする．このため，資金調達を国外の金融市場で行う企業は，その国の資金提供者が理解できる「一般に公正妥当と認められる会計原則」に基づく財務報告が必要とされる．しかしながら，各国企業の財務報告が多種多様な方法で行われると，多くのステークホルダーに対し，誤解と混乱が生じ，各国間に文化摩擦が生じる．そこで，こうした文化摩擦を解消するためには，世界共通の財務報告基準を設定することが必要となる．

　本章では，まず国際的な財務報告基準を必要とする理由を明らかにし，グローバル・スタンダードに近い国際財務報告基準と米国会計基準の現状を概観する．そして，わが国の会計基準が国際的な財務報告基準の潮流に合わせて大きな変革期を迎えている実情を説明する．最後に，ケース・スタディとして米国会計基準によるトヨタ自動車の連結財務諸表の読み方を解説する．

第1節　財務報告基準の必要性

　証券市場において資金調達を行う企業には，多くのステークホルダーが存在する．これらのステークホルダーは，財務情報を中心とする財務報告をもとに企業の経済活動の状況を判断し，投資の意思決定を行う．したがって，こうした財務報告が社会的信頼を得るためには，従われなければならない会計行為の一般的指針が必要とされる．そこでの一般的指針とは，権威ある会計基準設定団体が制定した「一般に公正妥当と認められる会計原則」（Generally Accepted Accounting Principles, GAAP）である．わが国においては，企業会計原則の設定にあたり，経済安定本部企業会計制度対策調査会が「一般に公正妥当と認められる会計原則」を次のように説明している[1]．

　「企業会計原則は，企業会計の実務の中の慣習として発達したものの中から，一般に公正妥当と認められたところを要約したものであって，必ずしも法令によって強制されないでも，すべての企業がその会計を処理するに当たって従わなければならない基準である．」

　企業活動のグローバル化や資金調達のボーダレス化が進展する今日にあっては，グローバル企業の財務報告はますます重要になってきている．企業が資金調達を国外の金融市場で行う場合，国際資本市場からの資金調達をいかに効率的に行うかということは，企業の競争力を決定づける要因となる．このため，資金調達を国外の金融市場で行う企業は，その国の資金提供者が理解できる「GAAP」に基づく財務報告が必要とされる．

　このように各国の資金提供者は，企業の経済活動の状況を知るため，その財務報告が必要となるが，各国企業の財務報告が多種多様な方法で行われると，誤解と混乱が生じ，各国間に文化摩擦が生じる．特に，国家間の財務報告基準の相違は，文化摩擦の基本的原因となる．国家間における財務報告基準が異なると，各国企業の財務諸表の比較ができないし，各国企業の財務諸

表の理解を困難にするからである[2]．そこで，こうした文化摩擦を解消するためには，世界共通の財務報告基準を設定することが必要となる．

第2節 国際財務報告基準の現状

　経済的・法律的・社会的背景が異なる各国の企業が準拠すべき単一の財務報告基準すなわちグローバル・スタンダードといえる財務報告基準は現在のところ確立されてはいない．しかし，財務報告基準に近いといえるものは存在している．それは，国際財務報告基準（International Financial Reporting Standards, IFRS）と米国会計基準（US GAAP）である．米国と欧州連合（EU）は2009年までに，IFRSとUS GAAPを相互承認することで合意し，両基準の差異をなくす作業が進められている．

(1) 国際財務報告基準（IFRS）

　国際財務報告基準（IFRS）は，世界的に承認され遵守されることを目的として，国際会計基準審議会（International Accounting Standards Board, IASB）によって設定される会計基準の総称である．IFRSの国際的統一を図るため，1973年以来国際会計基準を設定してきた国際会計基準委員会（International Accounting Standard Committee, IASC）は，2000年に機構改革が行われ，2001年5月よりIASBとしてその活動を開始した．さらに，その会計基準の名称も国際会計基準に代って国際財務報告基準（IFRS）とよぶことになった．

　IASBの前身であるIASCは，1973年6月29日にオーストラリア，カナダ，フランス，旧西ドイツ，日本，メキシコ，オランダ，イギリス・アイルランド，およびアメリカの16職業会計士団体の合意によって設立された団体である．IASCは，設立以来一民間団体として活動し，その設定した基準は永らく強制力をもたなかったが，1987年に各国の証券市場監督機関から構成

される証券監督者国際機構（International Organization of Securities Commissions, IOSCO）[3]が諮問グループに参加し，支援したことで一変した．さらに，2000年5月17日，IOSCOは，国外での資金調達において使用される包括的な会計基準として国際会計基準を認めることを表明したことを受けて，2005年1月1日以降開始する事業年度から，EU諸国上場企業の財務報告基準としてIFRSが正式採用され，その適用を義務づけた．さらに2009年からは，EU内で資金調達（株式上場や社債公募発行）を行う外国企業にもIFRSが強制適用されることになっている．

(2) 米国会計基準（US GAAP）

米国の財務報告制度は，証券取引委員会（Securities and Exchange Commission, SEC）と財務会計基準審議会（Financial Accounting Standards Board, FASB）の二極体制で維持されている[4]．SECには，米国会計基準設定の法的権限が与えられているが，その設定については，FASBという私的機関（プライベート・セクター）に委ねている．すなわち，SECがFASBによって設定された会計基準を公式に権威あるものとして法的強制力を与え，それを監視する仕組みとなっている．FASBがこれまで公表してきたものには，次のものがある．

① 財務会計基準書（Statements of Financial Accounting Standards）
② 解釈指針（Interpretation）
③ 専門広報（Technical Bulletins）
④ 財務会計概念書（Statements of Financial Accounting Concepts）

FASBが公表する財務会計基準書および解釈指針は，SECの会計連続通牒（Accounting Series Releases）第150号によって，「実質的に権威のある支持を得ている会計原則」とみなされ，米国公認会計士協会（American Institute of Certified Public Accountants）からも職業倫理規定第203条により，米国公認会計士が会員として遵守しなければならない会計原則と定められてい

る[5]．

　FASBは，財務会計財団によって任命される7名のメンバーから構成され，その任期は5年である．なお，FASBの諮問機関として，財務会計に精通している33名のメンバーから構成される「財務会計基準諮問委員会」（Financial Accounting Standards Advisory Council）が設けられ，会計基準の設定および改善にあたり統轄的役割を果たしている．

　会計基準の設定手続については，公開主義に基づく正当な手続（デュー・プロセス）による．正当な手続とは，会計基準を採択するにあたり，幅広い利害関係者が参画する機会を得るために，具体的には専門委員会の設置，議題についての実態調査，討議資料の公表，公聴会の実施，公開草案の公表等がなされている．会計基準その他の公式見解の決議は，メンバーの過半数の賛成が必要とされ，その決議終了後，他の機関による承認を経ることなく，GAAPとして認められる．このようにFASBは，GAAP設定のために膨大な人的資源と時間を投入し，基準が定められている．こうした努力と費用を国単位でみた場合には断然世界一といえる．その結果，米国会計基準は世界でもっとも厳格で権威ある基準といわれている．

第3節　国際財務報告基準と米国会計基準との統合化

　世界最大の資本市場をもつ米国においては，自国の会計基準が世界でもっとも厳格で高品質なものであり，いまさらIFRSを採用する必要はないという認識もあり，当初から国際的会計基準の導入には消極的であった．ところが，2001年12月のエンロン社の経営破綻，2002年6月のワールドコム社の巨額粉飾事件など度重なる会計スキャンダルの発生により，米国会計システムに対する評価が急速に凋落した．また，米国会計基準は厳格であるがゆえに国際的企業は米国基準を避けて，他の市場で資金調達をする動きが出てきた．そこで，米国も国際統一基準の必要性を認め，国際財務報告基準を支持

するようになった．

　2002年9月には，FASBとIASBとの共同会議で，IFRSと米国基準との統合化を目指すノーウォーク合意が取り交わされ，これにより，国際的な会計基準の統合化が今後ますます加速されることになった．現在IASBはFASBと協調し，可能な範囲で両基準間の統合化を目指す一方，各国の会計基準設定主体と連携しながら，現行基準の改訂と新IFRSの設定を行う数多くのプロジェクトに注力している．したがって，今後グローバル・スタンダードとしてひとつの会計基準設定を目指すプロセスが進みつつある．

第4節　日本のグローバル企業の対応

　日本では，企業会計基準委員会が，IASBと協議機関を設置し，現行会計基準の差異を縮小する共同プロジェクトが立ち上げられた．現在日本における最近の会計基準の改訂は，グローバル・スタンダードの基本的立場である投資家および債権者の意思決定に役立つ会計情報を提供するという観点に立って，IFRSと米国会計基準との相違をなくす方向で行われている．このため，長年，個別決算が主流であった日本でも，2000年3月期からようやく連結決算の開示が義務づけられるようになり，会計基準も国際的な会計基準の潮流に合わせて大きな変革期を迎えている．

　日本では，2002年に米国証券取引委員会に米国式連結財務諸表を登録している日本企業が証券取引法上の連結財務諸表の作成基準として米国基準を用いることを認める措置が取られた．これにより，日本企業のうち，米国証券市場に株式公開している会社およびこれから公開しようとする会社にとって，日米両基準による連結財務諸表の二重の開示が排除されることとなった．

　だが，第2節で述べたように，欧州市場に上場する日本企業は2009年からEC指令による「IFRSまたはこれと同様と認められる基準」で連結財務諸

表を作成することが義務づけられる可能性が持ち上がっている[6]．その場合，日本の基準が IFRS と異なる点を解消しなければ，日本企業が今後欧州市場で資金を調達する際，財務諸表を IFRS に作り直すことが必要となり，重い事務負担は解消されない．

第5節　ケース・スタディ（実例による決算書の読み方）

　日本国内でも2002年に，米国会計基準による決算が解禁され，トヨタ自動車などが米国会計基準による連結財務諸表を公表している．日本では，個別財務諸表が中心であるが，米国および英国をはじめ国際的には連結財務諸表が中心となっている．このため，米国で財務諸表といった場合には，連結財務諸表を意味する．連結財務諸表とは，支配従属関係にある2つ以上の会社からなる企業集団を単一の組織とみなして，親会社がその企業集団の財政状態，経営成績，およびキャッシュ・フローの状況を総合的に報告するために作成される財務諸表である[7]．米国で公表される基本財務諸表は，連結損益計算書（Consolidated Income Statement），連結貸借対照表（Consolidated Balance Sheet），連結株主持分計算書（Consolidated Statement of Shareholders'equity），および連結キャッシュ・フロー計算書（Consolidated Statement of Cash Flows）から成る．この節では，米国会計基準によるトヨタ自動車の連結財務諸表をケース・スタディとして紹介し，その読み方を解説したい．

(1) 連結損益計算書

　連結損益計算書は，一定期間における企業の経営成績を示す財務表で，収益から費用を差し引いて，当期純利益を計算する．

　① 日本で一番売上の大きいトヨタ自動車の連結売上高は，21兆369億円（平成18年3月期）である．これは前年比で13.4％の増加である．この売上高

図表11-1　トヨタ自動車の連結損益計算書

(百万円未満四捨五入)

科目	当期 (平成17年4月 ～18年3月)	前期 (平成16年4月 ～17年3月)	増減
	百万円	百万円	百万円
売上高	21,036,909	18,551,526	2,485,383
商品・製品売上高	20,059,493	17,790,862	2,268,631
金融収益	977,416	760,664	216,752
売上原価並びに 　販売費及び一般管理費	19,158,567	16,879,339	2,279,228
売上原価	16,335,312	14,500,282	1,835,030
金融費用	609,632	369,844	239,788
販売費及び一般管理費	2,213,623	2,009,213	204,410
営業利益	1,878,342	1,672,187	206,155
その他の収益(△費用)	209,018	82,450	126,568
受取利息及び受取配当金	93,970	67,519	26,451
支払利息	△21,601	△18,956	△2,645
為替差益〈純額〉	10,789	21,419	△10,630
その他〈純額〉	125,860	12,468	113,392
税金等調整前当期純利益	2,087,360	1,754,637	332,723
法人税等	795,153	657,910	137,243
少数株主持分損益及び持分法 　投資損益前当期純利益	1,292,207	1,096,727	195,480
少数株主持分損益	△84,393	△64,938	△19,455
持分法投資損益	164,366	139,471	24,895
当期純利益	1,372,180	1,171,260	200,920

	円	銭	円	銭	円	銭
基本1株当たり当期純利益	421	76	355	35	66	41
希薄化後[8]1株当たり当期純利益	421	62	355	28	66	34

は，自動車メーカーの中ではゼネラル・モーターズ（GM）に次いで世界第2位にあたる．

② トヨタ自動車のもうひとつ収益の柱となる事業は金融事業である．金融事業といっても銀行や証券会社ではなく，自動車販売に伴うローンやリースなどを中心とした金融サービスである．金融収益として9,774億円あるが，これはトヨタ全社の売上の中ではわずか4.6％にしか過ぎない．しかし，売上に対する利益率が高いので，営業利益ベースではトヨタ全社の19.5％の利益を稼ぎ出している．また，本業の儲けを示す営業利益は前年比で12.3％増加し，1兆8,783億円となっている．

③ トヨタ自動車の連結決算の純利益は，2004年3月期に日本企業で初めて1兆円を超えたということが話題になった．さらに，2007年3月期においては，7期連続で過去最高利益を更新している．1兆円を超えたことが連結損益計算書の末尾の欄に記載された当期純利益（1兆3,721億円）で確認できる．

④ 損益計算書のあと，1株当たり当期純利益が注記されている．1株当たり当期純利益は，配当能力を示す指標であり，当期純利益の金額を期中の平均株式数で割って計算される．

(2) 連結貸借対照表

連結貸借対照表は，一定時点における企業の財政状態を示す財務表で，資産の部，負債の部，少数株主持分，および資本の部に分類される．

① 貸借対照表の「流動資産」と「流動負債」とを比較することにより，企業の支払能力を測定することができる．一般には，流動資産は流動負債の2倍もつことが安全といわれる[9]．わが国では，この比率が200％を超える企業は少ない．トヨタ自動車の比率は107％である．「日経経営指標」によると，平成16年4月〜平成17年3月では，乗用車メーカー平均で113.77％，製造業平均で136.46％である．

図表11-2　トヨタ自動車の連結貸借対照表

(百万円未満四捨五入)

科　目	当　期 (平成18.3月末現在)	前　期 (平成17.3月末現在)	増　減
	百万円	百万円	百万円
(資産の部)			
流動資産	10,735,222	9,440,105	1,295,117
現金及び現金同等物	1,569,387	1,483,753	85,634
定期預金	50,349	63,609	△ 13,260
有価証券	634,879	543,124	91,755
受取手形及び売掛金	1,980,680	1,813,725	66,955
〈貸倒引当金控除後〉			
金融債権〈純額〉	3,497,319	3,010,135	487,184
未収入金	416,336	355,3816	0,955
たな卸資産	1,620,975	1,306,709	314,266
繰延税金資産	520,494	475,764	44,730
前払費用及びその他	444,803	387,905	56,898
長期金融債権〈純額〉	4,830,216	3,976,941	853,275
投資及びその他の資産	6,099,529	5,122,371	977,158
有価証券及び 　その他の投資有価証券	3,402,523	2,704,142	698,381
関連会社に対する投資 　及びその他の資産	1,828,369	1,570,185	258,184
従業員に対する長期貸付金	75,094	49,538	25,556
その他	793,543	798,506	△ 4,963
有形固定資産	7,066,628	5,795,594	1,271,034
土地	1,215,897	1,182,768	33,129
建物	3,156,613	2,935,274	221,339
機械装置	8,482,832	7,897,509	585,323
賃貸用車両及び器具	2,605,426	1,828,697	776,729
建設仮勘定	397,076	214,781	182,295
減価償却累計額〈控除〉	△ 8,791,216	△ 8,263,435	△ 527,781
資産合計	28,731,595	24,335,011	4,396,584

第11章 グローバル企業と財務報告基準　143

科　目	当　期 (平成18.3月末現在)	前　期 (平成17.3月末現在)	増　減
	百万円	百万円	百万円
(負債の部)			
流　動　負　債	10,028,735	8,227,206	1,801,529
短　期　借　入　債　務	3,033,019	2,381,827	651,192
1年以内に返済予定の 　長期借入債務	1,723,888	1,150,920	572,968
支払手形及び買掛金	2,086,587	1,856,799	229,788
未　　払　　金	730,184	693,041	37,143
未　払　費　用	1,464,263	1,289,373	174,890
未　払　法　人　税　等	347,488	292,835	54,653
そ　　の　　他	643,306	562,411	80,895
固　定　負　債	7,552,831	6,557,926	994,905
長　期　借　入　債　務	5,640,490	5,014,925	625,565
未払退職・年金費用	679,918	646,989	32,929
繰　延　税　金　負　債	1,092,995	811,670	281,325
そ　　の　　他	139,428	84,342	55,086
負　債　合　計	17,581,566	14,785,132	2,796,434
(少数株主持分)			
少　数　株　主　持　分	589,580	504,929	84,651
(資本の部)			
資　　本　　金	397,050	397,050	－
資　本　剰　余　金	495,250	495,707	△　　457
利　益　剰　余　金	10,459,788	9,332,176	1,127,612
その他の包括利益 　(△損失)累計額	437,316	△　80,660	517,976
自　己　株　式	△　1,228,955	△　1,099,323	△　129,632
資　本　合　計	10,560,449	9,044,950	1,515,499
負債・少数株主持分及び資本合計	28,731,595	24,335,011	4,396,584

② 貸借対照表の「当座資産（流動資産の金額からたな卸し資産を除外して計算する）」と「流動負債」とを比較することにより，上記①において計算される比率より確実な企業の短期支払能力を測定することができる．一般には，当座資産は流動負債と同額以上もつことが安全の目安とされる．わが国では，この比率が100％を超える企業は少ない．トヨタ自動車の比率は，90.8％である．「日経経営指標」によると，平成16年4月～平成17年3月では，乗用車メーカー平均で69.54％，製造業平均で87.78％である．

③ トヨタ自動車は，一般的には無借金経営の会社と思われがちであるが，貸借対照表における負債の部の内容から，借入債務があることがわかる．トヨタ自動車の借入債務は，長期債務と短期債務とを合計すると，18年3月末で10兆3,973億円，17年3月末で8兆5,476億円の借金がある．さらに，連結損益計算書の数値から借入債務に対する支払利息として，18年決算期で216億円，17年決算期で189億円の支払いをしていることが，貸借対照表と損益計算書から読み取ることができる．

(3) 連結株主持分計算書

連結株主持分計算書は，連結貸借対照表に表示されている「資本の部」が

図表11-3　トヨタ自動車の連結株主持分計算書

1) 当期（17.4～18.3） （百万円未満四捨五入）

	資本金	資本剰余金	利益剰余金	その他の包括利益 (△損失) 累計額	自己株式	合　計
	百万円	百万円	百万円	百万円	百万円	百万円
平成17年3月31日現在残高	397,050	495,707	9,332,176	△ 80,660	△ 1,099,323	9,044,950
当期発行額		△ 457				△ 457
包括利益						
当期純利益			1,327,180			1,327,180
その他の包括利益						
外貨換算調整額				268,410		268,410
未実現有価証券評価益				244,629		244,629
〈組替修正考慮後〉						
最小年金債務調整額				4,937		4,937
包括利益合計						1,890,156
配当金支払額			△ 244,568			△ 244,568
自己株式の取得及び処分					△ 129,632	△ 129,632
平成18年3月31日現在残高	397,500	495,250	10,459,788	437,316	△ 1,228,955	10,560,449

期中において，どのように増減したかを表示する計算書である．「資本の部」には，資本金だけでなく，資本剰余金，利益剰余金，その他の包括利益[10]，および自己株式の増減も含まれる．

　日本では，平成18年5月1日からの会社法施行に伴い，従来までの「利益処分案」が廃止され，株主持分変動計算書が導入された．これにより，日本基準は，グローバル・スタンダードに近づきつつある．

(4) 連結キャッシュ・フロー計算書

　連結キャッシュ・フロー計算書は，一会計期間における現金および現金同等物[11]の流れを営業活動，投資活動，および財務活動の3つに区分表示した計算書である．

　① 営業活動からのキャッシュ・フローには，営業活動から得た現金が示されるため，会社の現金創出能力を検討することができる．トヨタ自動車の現金創出能力は，2兆5,154億円に達している．このため，トヨタ自動車は，利益とともに強力な現金創出能力を備えていることが確認できる．企業が営業活動を継続，成長していくためには，営業活動からのキャッシュ・フローがプラスであることが絶対条件である．

　② 投資活動からのキャッシュ・フローには，営業活動から得た現金を利回りのよい金融債券や有価証券の購入，陳腐化した設備の取替，会社成長のための新規設備の投資額が示される．会社が継続的に将来の利益を稼得するには，新規設備を購入し，固定資産を維持するための現金を必要とする．このため，業績拡大を続ける企業は，投資活動からのキャッシュ・フローは，マイナスであることが多い．

　③ 財務活動からのキャッシュ・フローには，外部からの資金調達による収入と資金調達にかかる支出とが示される．トヨタ自動車は，自己株式の取得に1,296億円を要している．これは自社の株式を買い入れたものである．自己株式を大量に買うと，株式市場に流通する会社の株式の需給が引き締ま

図表11-4　トヨタ自動車の連結キャッシュ・フロー計算書

(百万円未満四捨五入)

科　　目	当　期 (17.4～18.3) 百万円	前　期 (16.4～17.3) 百万円
営業活動からのキャッシュ・フロー		
当期純利益	1,372,180	1,171,260
営業活動から得た現金〈純額〉への当期純利益の調整		
減価償却費	1,211,17	997,713
貸倒引当金及び金融損失引当金繰入額	62,646	63,154
退職・年金費用〈支払額控除後〉	23,860	△ 52,933
固定資産処分損	54,981	49,159
売却可能有価証券の未実現評価損〈純額〉	4,163	2,324
繰延税額	33,262	84,711
少数株主持分損益	84,393	64,938
持分法投資損益	△ 164,366	△ 139,471
資産及び負債の増減ほか	△ 166,817	130,085
営業活動から得た現金〈純額〉	2,515,480	2,370,940
投資活動からのキャッシュ・フロー		
金融債権の増加	△ 6,476,979	△ 5,594,375
金融債権の回収及び売却	5,718,130	4,674,919
有形固定資産の購入〈賃貸資産を除く〉	△ 1,523,459	△ 1,068,287
賃貸資産の購入	△ 1,247,781	△ 854,953
有形固定資産の売却〈賃貸資産を除く〉	89,578	69,396
賃貸資産の売却	410,683	316,456
有価証券及び投資有価証券の購入	△ 957,296	△ 1,165,791
有価証券及び投資有価証券の売却及び満期償還	691,032	573,943
関連会社への追加投資支払〈当該関連会社保有現金控除後〉	△ 1,802	△ 901
投資及びその他の資産の増減ほか	△ 77,606	△ 11,603
投資活動に使用した現金〈純額〉	△ 3,375,500	△ 3,061,196
財務活動からのキャッシュ・フロー		
自己株式の取得	△ 129,629	△ 264,106
長期借入債務の増加	1,928,788	1,863,710
長期借入債務の返済	△ 1,187,506	1,155,223
短期借入債務の増加	509,826	140,302
配当金の支払額	△ 244,568	165,299
財務活動から得た現金〈純額〉	876,911	419,384
為替相場変動の現金及び現金同等物に対する影響額	68,743	24,849
現金及び現金同等物純（△減少）増加額	85,634	△ 246,023
現金及び現金同等物期首残高	1,483,753	1,729,776
現金及び現金同等物期末残高	1,569,387	1,483,753

り，その結果として，株価が上昇することになる．このため，会社が自己株式を購入することで，株主への利益還元策となる．したがって，トヨタ自動車は，営業活動から得た現金で，自己株式を購入し，間接的に株主への利益還元策を行っていることがわかる．

☞ **注**)
1) 昭和24年7月9日，経済安定本部企業会計制度対策調査会中間報告．
2) 武田安弘「会計の国際化と財務報告」『会計』第131巻第6号，1987年，p.19.
3) 世界108の国・地域（2005年4月末現在）の証券監督当局や証券取引所等から構成されている国際的な機関であり，以下の4つを目的としている．
   ①公正・効率的・健全な市場を維持するため，高い水準の規制の促進を目的として協力すること．
   ②国内市場の発展促進のため，各々の経験について情報交換すること．
   ③国際的な証券取引についての基準及び効果的監視を確立するため，努力を結集すること．
   ④基準の厳格な適用と違反に対する効果的執行によって市場の健全性を促進するため，相互に支援を行うこと．
4) 中村泰將「アメリカにおける財務報告制度の現状」藤田幸男編著『国際化時代と会計』中央経済社，1994年，p. 100
5) 粥川和枝「欧米の会計制度」権泰殷編著『国際会計論』創成社，2002年，pp. 21-22
6) ロンドンを中心とする欧州市場に株式や債券を上場する日本企業は，約220社あり，年3兆円近くの資金を調達している（2006年4月現在）．
7) 武田安弘『現代会計学入門』税務経理協会，2002年， p. 379
8) 希薄化後とは，増資や株式分割等の新株発行後をいう．
9) 流動資産が流動負債の2倍とされたのは，企業の倒産においては，資産は強制処分されるため，その売却価格が現在の価額の半額になると考えられたためである（武田安弘，前掲書，p. 170）．
10) その他の包括利益は，収益，費用，利益，損失のうち現行の会計基準上当期利益に含まれないものをいう．その他の包括利益に含められる項目は，以下のものがある．
    ・為替換算調整額
    ・外国企業への純投資の経済的ヘッジから生じる為替損益
    ・長期投資的要素をもつ内部企業間外国通貨取引から生じる為替損益

・キャッシュ・フロー・ヘッジを適用したデリバティブの公正価値変動額
・年金会計における追加最小債務の純損失（最小年金債務調整額）
・売却可能有価証券の未実現保有損益
・償還期限まで保有する有価証券から売却可能有価証券に変更した結果生じた未実現保有損益
・過去に減損処理された売却可能有価証券のその後の公正価値の増減額

11) 現金同等物とは，以下の2つの条件を満たすものをいう．
①容易に一定の金額に転換でき，3ケ月以内に満期が到来すること．
②利率変動による価額変動のリスクがほとんどないもの．

参考文献

鎌田信夫『キャッシュ・フロー会計の原理』税務経理協会，2001年
権泰殷編著『国際会計論』創成社，2002年
武田安弘『現代会計学入門』税務経理協会，2002年
武田安弘「会計の国際化と財務報告」『会計』第131巻第6号，1987年，pp. 17-30
武田安弘「会計基準の国際的統一化に対するわが国の対応と諸問題」『経営学研究』第14巻第1号，2004年，pp.15-36
藤田幸男編著『国際化時代と会計』中央経済社，1994年
三輪豊明・伊藤公哉『入門 英文決算書の見方・読み方』日本実業出版社，2000年

第12章　グローバル時代のNPO

〈学習のねらい〉

　NPO（民間非営利組織）の国内総生産に占める比率は，アメリカのジョンズ・ホプキンス大学が1999年に発表した国際比較調査によると，イギリスで9.2%，アメリカで8.3%に達しており，両国ではすでに経済的に大きな地位を築いているといえる．一方，わが国のNPOの国内総生産に占める割合は5.0%に留まっているが，先進諸国の例から考えると，わが国においても，これから大きく伸びる余地が大きいともいえよう．

　さらに，わが国ではこれまで公共サービスのニーズを担ってきたのは主に行政であるが，市民社会の成熟化の進展により営利を目的としないNPOによる質の高い公共サービスの提供に社会的期待が寄せられている．このように，NPOに対する需要は，イギリスおよびアメリカだけでなく，世界中に広がりをみせている．

　本章では，まずNPOの定義づけを行い，日本，アメリカ，およびイギリスにおけるNPOの類型を明らかにした上で，NPOのアカウンタビリティ（説明責任ないしは会計責任）の必要性を述べる．そして，アカウンタビリティを果たすために，日本，アメリカ，およびイギリスの各国における情報公開の実態を明らかにする．最後に，アカウンタビリティを明確にするため，活動報告と収支報告を行っている「特定非営利活動法人CEALOグローバル・ハーモニー・ジャパン」をケース・スタディとして紹介する．

第1節　NPOの定義

　NPOの類型を考察するには，まずNPOを定義しておくことが必要である．NPO[1]には多様な経済主体が含まれ，その範囲によって，議論が異なるからである．

　一般に，経済主体はその性格の相違から，営利を目的としているか否かにより，企業とNPOとに識別されている．さらに，NPOは経済主体の法的・社会的性格から，パブリック・セクターとNPOとに大別されている．このNPOの分類は，主に資金の源泉が公的資金であるか，私的資金であるかによっている．

　アメリカ会計学会（America Accounting Association）のNPO会計実務委員会（Committee on Accounting Practices of Not-for-Profit Organizations）は，NPOを次の4つの条件を満たすものと定義している[2]．

① 意図的ないし意識的な利潤動機がないこと．
② 個人ないし単独で所有する持分権が存在しないこと．
③ 持分権が売却，あるいは交換されることがないこと．
④ 資本提供者ないし後援者に対し，経済的便益を直接的にあるいは比例的に提供しないこと．

そして，この定義から，次のような組織がNPOに含まれるとしている．

(1) 大学（colleges and universities）
(2) 宗教団体（religious organizations）
(3) 病院（hospitals）
(4) 任意の保険福祉機関（voluntary health and welfare agencies）
(5) 慈善団体（charitable organizations）
(6) 政府機関（governments）

第 2 節　各国 NPO の類型

　NPO の活動分野は，福祉，教育，環境，国際交流など幅広く社会全般に及ぶ．そして，NPO の定義は，それぞれの国において異なるため，日本，アメリカ，およびイギリスの類型を体系的に整理したい．

(1) 日本における NPO の類型

　日本における NPO の活動分野は，福祉，教育，環境，国際交流など幅広く社会全般に及ぶ．こうした組織は，営利を目的としないことが特徴で，民法第34条に基づく公益法人，および民法第34条以外の特別法に基づく学校法人，社会福祉法人，宗教法人，医療法人等が存在する．さらに，こうした類型の法人とは，その存在基盤を異にする特定非営利活動法人（NPO法人）が1998年より新たに誕生し，成立から 8 年目を迎え，その数は 2 万を超え，しっかりと現代社会に定着しつつある．この類型を示すと次のようになる．

・民法第34条に基づく公益法人　（平成15年10月1日現在）
　　社団法人（12,989法人）　　　財団法人（12,836法人）
・民法第34条以外の特別法に基づく法人
　　学校法人（私立学校法）　　7,834法人（平成16年 4 月 1 日現在）
　　社会福祉法人（社会福祉法）18,800法人（平成16年 3 月31日現在）
　　宗教法人（宗教法人法）　　183,394法人（平成15年12月31日現在）
　　医療法人（医療法）　　　　38,754法人（平成16年 3 月31日現在）
　　特定非営利活動法人（特定非営利活動促進法）
　　　　　　　　　　　　　　　21,286法人（平成17年 3 月 3 日現在）
　　更生保護法人（更生保護法）　　163法人（平成17年 2 月 1 日現在）

(2) アメリカにおける NPO の類型

アメリカにおける NPO の活動分野は，日本と同様に幅広く社会全般に及ぶ．アメリカでは，内国歳入法（Internal Revenue Code）第501条 C 項 3 に該当する組織は法人に対する連邦課税が免除され，免除が適用される団体が NPO として認識されている．法人格の取得は各州の州法により規定されているが，いずれの州においても公益性の有無にかかわらず準則主義によって簡易に法人格を取得できる．ただし，法人格の取得は免税資格の取得にはつながっていないため，連邦および州の課税庁の認定を受ける必要がある．2003年現在，アメリカにおける免税団体の類型と団体数を示すと図表12-1 のとおりである．

図表12-1　アメリカにおける免税団体の類型と団体数(2003年)

税法の項目および免税団体の類型	団体数
501（C）	
(1)　公共法人103	
(2)　免税団体資格保有法人	7,078
(3)　宗教,慈善,科学,公共安全試験,文学,教育,国内・国際のアマチュアスポーツの育成，子供および動物の虐待防止保護等の活動を行う法人または基金もしくは財団	964,418
(4)　市民団体，社会活動団体の地域従業員団体	137,831
(5)　労働団体，農業団体，園芸団体	62,641
(6)　商工会，商工会議所，事業者団体など	84,838
(7)　親睦団体	69,522
(8)　友愛団体	79,390
(9)　ボランティア従業員共済団体	13,066
(10)　宿泊施設利用型友愛団体	22,576
(11)　地方教員退職基金	15
(12)　地方共済生命保険団体	6,662
(13)　共同墓地・霊園法人	10,585
(14)　州認可信用組合・相互信用組合	4,338
(15)　小規模相互保険会社・組合	1,777
(16)　農業融資機関	20

⒄	失業補償給付基金	468
⒅	従業員積立年金基金	1
⒆	軍人団体	35,132
⒇	法律扶助団体	-
㉑	炭塵肺給付基金	28
㉒	退会負担金補償基金	-
㉓	退役軍人団体	2
㉔	ELISA（エリサ法）4049条の信託	3
㉕	年金などのための持株会社	1,259
㉖	州出資ハイリスク健康保険団体	10
㉗	年金などのための持株会社	9
501　(d)	宗教団体	138
501　(e)	医療協同組合	39
501　(f)	教育協同組合	1
501　(n)	チャリティ団体保険基金	-
521	農業協同組合	-
529	州出資特定教育プログラム	-
	免税団体合計	1,501,950

出所）内国歳入庁『Data Book 2003』．

(3) イギリスにおける NPO の類型

　イギリスにおいて NPO を示す用語は「ボランタリーセクター（Voluntary sector）」とよばれ，日本において用いられる「NPO」，およびアメリカにおいて用いられる「Not-for-Profit Organization」あるいは「Nonprofit Organization」の用語と異なる．これは，イギリスのボランタリーセクターは長い歴史をもち，他の国と異なる文化的背景を有することを意味する．ボランタリーセクターは，教育，芸術，保健・医療，スポーツなどの活動分野があり，その事業も役務の提供，権利擁護，助成事業，公益活動支援などの多岐にわたる．さらに，ボランタリーセクターに関する法制度は，チャリティ法（Charities Act）に基づいてチャリティ委員会（Charity Commission）に

登録される団体が多く存在し，社会に浸透していることが特徴である．

イギリスにおけるボランタリーセクターは，環境保護団体である「ザ・ナショナルトラスト（The National Trust）（年間収入約3億ポンド）」，緊急救援，開発協力などの活動を行う「オックスファム（Oxfam）（年間収入約2億ポンド）」のような国際的な団体から無給のボランティアにより運営される団体を含めると約50万の団体が存在する．このうち，チャリティ委員会に登録された団体[3]は，税制上の優遇措置を受けることができるとともに，当該団体への寄付金の額に応じて政府より助成を受けることができる．こうした特典を享受するため，チャリティ委員会に登録された団体は163,698団体におよび，その年間収入額は348.63億ポンドの経済規模をもつ[4]．ただし，この数値は，チャリティ委員会への登録を除外されている教会，他の法律で規制を受ける大学，共済組合，博物館などチャリティ委員会への登録を免除された団体を除いたものである．

第3節　NPOのアカウンタビリティ

企業の社会的使命は利潤追求であり，その目的を果たすために利益を獲得する．このため，企業においては財務報告をもって，広義のアカウンタビリティの履行とみなされる場合が多い[5]．これに対し，NPOの社会的使命は活動目的の実現であり，その目的を果たすためにサービスを提供する．したがって，NPOは社会的使命の達成度を示すことがより重要な測定基準となるため，利益の算定を目的とする財務報告によって提供される財務情報のみでは不十分であり，NPO法人自身が掲げる使命の達成度といった非財務情報とを併せて開示していくことが不可欠である．こうした情報は，年次報告書において報告されることにより，アカウンタビリティの履行とみなされる．

アカウンタビリティは，財産保全に関する責任をあらわし，管理者が受託

責任を遂行すべく構築された社会的手段であるが,近年ではアカウンタビリティの意味は委託・受託による利害関係から,組織を取り巻くすべての利害関係者との取引関係を明確に測定し,協働の結果としての社会貢献度の度合いを明らかにし,これを利害者集団に伝達すること[6]を,意味するようになった.この意味からNPOのアカウンタビリティは,委託・受託による受託責任から,信頼関係に基づく寄付あるいは助成により提供された財産の管理責任を明らかにする責任を負うこととなり,この責任に対して財務報告を行うことになる.こうしたアカウンタビリティ概念は,財産管理責任にとどまらず,NPOを社会全体に対する公共財(public goods)の受託者としてとらえることにより,アカウンタビリティは公共的会計責任[7]と考えることになる.

第4節 各国NPOの情報公開

(1) 日本におけるNPOの情報公開

① NPO法人の情報公開

NPO法人に関する情報公開制度は,確立されていない.現在,所轄庁より事業報告書の書式例が示されているものの,それは所轄庁が,主たる事業として特定非営利活動が主として行われているか等の法令の規定をチェックできるように様式化したもので,一般市民や寄付者などへのアカウンタビリティを果たす目的で作られたものではない.

② 公益法人の情報公開

公益法人に対する指導監督は,一部の法人の不祥事等を受け,年々厳しさを増し,平成8年9月20日に閣議決定された「公益法人の設立許可及び指導監督基準」において,公益法人はその業務および財務等に関する資料を主たる事務所に据え置き,原則として一般の閲覧に供することが定められた.ま

た，平成13年8月28日公益法人等の指導監督基準等に関する関係閣僚会議幹事会申合せにおいて，各府省は所管公益法人に対し，可能な限り最新の業務および財務等に関する資料をインターネットにより公開するよう要請した．閲覧および公開の対象となる財務等に関する資料には，収支計算書，正味財産増減計算書，貸借対照表，および財産目録がある．こうした財務資料は，業務運営の透明化と適正化を図る観点からも非常に重要であり，また広く一般の人びとに対して，法人の正しい姿を理解してもらうための手段となる．

平成16年10月1日時点における情報公開の状況は，全体の平均が88.1%（国所管法人96.8%，都道府県所管84.9%）となっている[8]．また，平成16年10月1日時点におけるインターネットによる公益法人の情報公開の状況は，全体平均で49.8%（国所管法人76.6%，都道府県所管40.2%），前年から4.7ポイント増加している[9]．また，「インターネットによる公益法人のディスクロージャーについて」（平成13年8月28日公益法人等の指導監督等に関する関係閣僚会議幹事会申合せ）および「公益法人に対する行政の関与の在り方の改革実施計画」（平成14年3月29日閣議決定）の公益法人に対する国の関与等を透明化・合理化するための措置に基づき，各府省はそのホームページに所管法人一覧表を掲載し，そのホームページにリンクしている（法人がホームページを開設している場合に限る）．さらに，行政委託型公益法人については，財務等，補助金の名称・金額等に関する資料が各府省ホームページで公開されている．平成16年10月1日時点におけるインターネットによる公益法人の情報公開の状況は，全体平均で49.8%（国所管法人76.6%，都道府県所管40.2%），前年から4.7ポイント増加している[10]．

③ 学校法人の情報公開

文部科学省は，自主的な情報公開を指導するとともに，大学法人および短大法人等の財務状況の公開に関する調査を毎年行っている．平成16年10月1日現在の同調査[11]によると，財務状況について何らかの公開を行っている

学校法人数は，大学法人で493法人，短大法人等で147法人あり，全学校法人の97.4%となり，平成11年7月調査に比べ33ポイント増加している．また，学校法人会計基準が要求する資金収支計算書，消費収支計算書，および貸借対照表のすべてを公開している学校法人数は，大学法人で423法人，短大法人等で125法人あり，全学校法人の83.4%となり，平成11年7月調査に比べ42ポイント増加している．

　文部科学省は，こうした実情を鑑み，私立学校の健全な発展に資するため，利害関係者からの請求に応じて財務書類を閲覧に供することを義務づける私立学校法の改正が2004年5月12日に公布され，2005年4月1日から施行された．私立学校法の改正は，学校法人が公共性の高い法人としての説明責任を果たし，関係者の理解と協力を得られるよう従前より義務づけられている財務書類の作成および事務所への備え置きに加えて，新たに財務資料を利害関係者に供することを義務づけた．このため学校法人は，毎会計年度終了後2ヶ月以内に，財産目録，貸借対照表，資金収支計算書，消費収支計算書，および事業報告書を作成するとともに，監事の作成する監査報告書を事務所に備え置かなければならない．利害関係者から請求があった場合には，正当な理由がある場合を除いて，その資料を閲覧に供しなければならない．

　今回，新たに事業報告書の作成を義務づけたのは，財務書類だけでは，専門家以外の者に容易に理解できない場合が多いと考えられることから，財務書類の背景となる学校法人の事業方針やその内容を分かりやすく説明し，理解を得るためである．事業報告書については，法人の概要，事業の概要および財務の概要に区分し作成されなければならない．

　また，学校法人の理事等が，財産目録，貸借対照表，資金収支計算書，消費収支計算書，事業報告書，および監査報告書の備付けを怠り，または記載すべき事項を記載せず，もしくは不実の記載をしたときは，20万円以下の過料が課される．

④ 社会福祉法人の情報公開

　社会福祉法第44条において，社会福祉法人は，財務諸表を作成し，これに関する監事の意見を記載した書面を各事務所に備え置き，当該法人が提供する福祉サービスの利用を希望する者その他の利害関係人から請求があった場合には，正当な理由がある場合を除いて，閲覧に供することを義務づけた．このため社会福祉法人は，毎会計年度終了後2ヶ月以内に貸借対照表，資金収支計算書，事業活動収支計算書，財産目録，および事業報告書を作成し，これに関する監事の意見を記載した書面を各事務所に備え置かなければならない．

　こうした情報開示は，社会福祉法人の事業方針やその内容を分かりやすく説明し，役務受益者あるいは地域住民の理解を得るために必要とされる．さらに，社会福祉法人の運営についての透明性を確保するためには，当該法人の業務および財務等に関する情報について，広報やインターネットを活用することなどにより自主的に公表することが必要とされる．

(2) アメリカにおける NPO の情報公開

　内国歳入法第501条C項3に該当するNPOは，連邦課税が免除される．このうち，年間総収入額が25,000ドル以上の組織については，内国歳入庁（Internal Revenue Service）に対し，指定様式（フォーム990）による税務報告書の提出が義務づけられている．さらに，当該組織の事務所において，税務報告書を公開する義務を負う．こうした税務報告書は，組織の規模および事業内容により，「非関連事業がある団体」「民間財団」，および「一定要件を備えた団体」に区分される．

　「一定要件を備えた団体」とは年間総収入額が100,000ドル以下であり，年度終了時の総資産額が250,000ドル以下の小規模団体をいい，書類作成の軽減措置の観点から簡易式の様式（フォーム990-EZ）で報告することが許容される．

アメリカでは，全米の95万におよぶNPOの事業内容や財政状況を公開しているウェブサイトがある．このウェブサイトとは，フィランソロピック・リサーチ（Philanthropic Research, Inc.）が運営するガイドスター（Guide Star）である．ガイドスターは，内国歳入庁の協力を得て，全米のNPOから内国歳入庁に提出されている税務申告書などの情報を集約しホームページで公開している．

アメリカにおけるNPOの寄付収入の内訳をみてみると，個人寄付が75.6％，助成財団11.6％，企業寄付4.8％，遺産8.0％[12]と，個人寄付が非常に多い．個人寄付者は，寄付先である組織の資金使途，アカウンタビリティ，および寄付することによって生み出される成果に関する関心をもっている．しかし，情報を入手できなければ，確信をもって寄付先の組織を決めることはできない．このため，事業内容や財政状況を公開しているウェブサイトを利用して寄付先である組織を見極める．また，ガイドスターでは，組織の納税状況や免税資格の最新状況などがわかる「チャリティ・チェック」，各団体の財務を詳しく分析する「アナリスト・レポート」，および組織の代表者や幹部職員の給与が比較できる「ノンプロフィット・報酬レポート」を有料で提供しているため，助成財団は助成審査の際の有用な情報源として活用している．

このように情報公開サイトの存在は，NPOの信頼性とアカウンタビリティを高め，さらに資金調達にかかるコストの軽減にも役立っている．

(3) イギリスにおけるNPOの情報公開

チャリティ委員会に登録された団体は，一般市民や寄付者などへのアカウンタビリティを明確にするため，活動内容についての情報公開が義務づけられている．このため，一定規模以上の登録チャリティ団体は，財務諸表（Annual accounts），年次報告書（Annual reports），および年次届出書（Annual returns）をチャリティ委員会まで提出することが要求されている．

同委員会は，財務諸表，報告書，および届出書の受理により個別のチャリティ団体に関する財務状況を知ることができ，必要な助言を提供することができる．さらに，不正や濫用が行われている場合には，迅速な是正措置を講じることが以前に比べて容易にできるようになった．

なお，チャリタブル・カンパニーとして登録された場合には，1985年会社法に基づき，会社登記官（Registrar of companies）に対し，会社法上定められている年次届出書の提出義務を負う．このため，チャリティ委員会に対する会計報告等に関しては，年間総収入額が10万ポンド未満の会社は不要となる．

第5節　ケース・スタディ

わが国のNPO（民間非営利組織）の中でも，特に財政基盤の弱い法人は，NPO法人である．これらの法人は，潤沢な運営資金がないために，各々の活動の趣旨に賛同した個人の会費，あるいは寄付金によって運営費を賄い，事業を進めなければならない．しかし現状は，新たな活動分野であり，基盤組織の活動という受益者の顔が直接にはみえにくい活動であるために，活動の趣旨を理解し賛同する人は必ずしも多くはない．そこで一般市民や寄付者などへのアカウンタビリティを明確にするため，活動内容についての情報公開を行わなければならない．

この節では，発展途上国の子どもたちに対し，資金・物資の支援を行っている「特定非営利活動法人CEALOグローバル・ハーモニー・ジャパン」(http://www.cealo-ngo.org）の事業報告と収支報告をケース・スタディとしてご紹介する．

このNPO法人は，ミャンマー，カンボジア，スリランカなどの発展途上国に対して，日用必需品の直接配布をはじめ，孤児院，学校，病院等の設立・運営支援，農業や文化の応援プロジェクトなどを地元の人びとやNGO

と協力して行っている．運営については，全ての事業を非営利活動として行い，寄付金やチャリティ・イベントなどの事業収益はすべて国際協力基金として事業活動に使われる．

　事業活動の内容は，ウェブサイトにおいて，次のような支援事業ごとに事業報告と収支報告を行っている．

- 事業名：スリランカ人道支援
- 開催日：2005年3月2日～3月9日
- 従業者：2名
- 受益者：アンマダンゴダ・カハワ村約200名（津波被災地・村の避難所住民）
- 事業内容：支援依頼に応え，2004年12月インド洋津波を機にスリランカ支援を開始した．与える支援ではなく当団体の目的とする「自立と相互扶助精神を育てる支援」を行うため，地元NGO「ジャナウィジャヤ（Janawijaya Foundation）」や責任者の僧侶を含め，現地の状況調査と信頼関係構築の可能性を視ることが中心となった．調査と話し合いの結果，ブロック製作所計画を開始した．
- 事業目的：スリランカ，主に津波被災地における，人々への自立と心の豊かさにつながる支援を行うための現地調査と必要な支援．
- 事業の成果：雇用創出と住民相互扶助精神を育てていくため，需要の高い住宅建材用ブロックを生産できるよう，境内に製作所と設備，開始から1ヶ月程度生産できる量の材料を提供．働き，収入を得，低価格販売することで助け合うことを条件に今後運営の指導をNGO「ジャナウィジャヤ」と僧侶とともに協働して行った．
- 収支報告

　　収入の部

　　　　国際協力基金（寄付金）　　　　　　　　　　　￥1,302,588

　　　　Bank for Gift スリランカ支援基金　　　　　　￥648,500

　　　　収入合計①　　　　　　　　　　　　　　￥1,951,088

　支出の部
　　　現地支援プロジェクト事業費　　　　　　　￥1,951,088
　　　　　※ルピーに関しては円から両替￥100＝92.3R
　　　　支出合計②　　　　　　　　　　　　　　￥1,951,088
　　　　　①－②　　　　　　　　　　　　　　　　　　￥0

☞ 注)
1) NPO とは Nonprofit Organization（あるいは Not-for-profit Organization）の略で，日本語に訳すと「非営利組織」となる．また，NPO に類似するものに NGO がある．NGO とは Non-governmental Organization の略で，日本語に訳すと「非政府組織」となり，地域，国家あるいは国際レベルで組織された，非営利の市民ボランティア団体を指すものである（国際連合広報センターホームページ，http:// www.unic.or.jp）．このように，NGO は政府ではない民間の市民による組織，つまり政府からの自立を強調するか否かの違いで使われている用語（塚本一郎・古田俊一・雨宮孝子編著『NPO と新しい社会デザイン』同文舘，2004年，p.7）であり，本質的には NPO と同義として理解してよい．
2) AAA, Committee on Accounting in Practices of Not-for-Profit Organization, op. cit., pp.94-95.
3) チャリティ委員会への登録は，チャリティ目的についての基準のほか，次の3つの条件のうち，いずれかの条件をひとつ満たした団体が登録できる．
　　① 年間収入額が1,000ポンド以上であること
　　② 基本金をもつ団体であること
　　③ 土地，建物の所有あるいは使用していること
4) チャリティ委員会ホームページ（http://www.charity-commission.gov.uk/）2004年12月末現在．この数値はチャリティの親団体の数であり，その子会社あるいは子団体を含めると189,530団体が登録されている．
5) NPO アカウンタビリティ研究会『NPO 法人の外部報告に関する基本的考え方—NPO 法人の会計・事業報告・税務会計作成基準への提言—』シーズ＝市民活動を支える制度をつくる会，2005年，p. 82
6) 神戸大学会計学研究室編「会計学辞典第5版改訂増補版」同文舘，2001年
7) 公共的会計責任とは，①公的権限ないし資源を委託された人や機関が資源の管理に関して報告し，かつ，②財務上，管理上，および事業上に課された責

第12章　グローバル時代のNPO　163

任について説明することを意味するものである（ASOSAI: The Asian Organization of Supreme Audit Institutions 1994年11月第6回総会における定義）．
8)　総務省『平成16年度公益法人に関する年次報告』
9)　同上『年次報告』
10)　同上『年次報告』
11)　文部科学省「平成16年度　学校法人の財務の公開状況に関する調査結果について」
12)　AAFRC Trust for Philanthropy, Giving USA 2005.

参考文献

AAA, Report of Committee on Accounting Practice of Not-for-Profit organizations, *The Accounting Review*, Supplement to Vol. XLVI, 1971．（法政大学会計学研究室訳『アメリカ会計学会・基礎的会計理論の展開』同文舘，1973年）
NPOアカウンタビリティ研究会『NPO法人の外部報告に関する基本的考え方 ―NPO法人の会計・事業報告・税務会計作成基準への提言―』シーズ＝市民活動を支える制度をつくる会，2005年
神戸大学会計学研究室編「会計学辞典第5版改訂増補版」同文舘，2001年
塚本一郎・古田俊一・雨宮孝子編著『NPOと新しい社会デザイン』同文舘，2004年
Salamon, L.M., Anheier, H.K., Sokolowski, S.W., Wojciech and Associates, *The Emerging Sector: A Statistical Supplement*, Johns Hopkins, 1996．（今田忠監訳『台頭する非営利セクター ―12カ国の規模・構成・制度・資金源の現状と展望―』ダイヤモンド社，1996年）

第13章　日本企業のグローバル化

〈学習のねらい〉

　本章では，日本企業のグローバル化の歴史を概観したい．今日，日本企業にとって，「グローバル化」は避けて通れない道となっている．グローバルな潮流に目を背ける経営を続けていれば，淘汰される危険性さえある．グローバル市場の動向を把握しつつ，将来的なビジョンを描く必要がある．

　さて，日本企業におけるグローバル・ビジネスへの取り組みは，必ずしも今日的なものではなく，すでに江戸時代末より行われていた．以下では，その歴史を振り返り，過去に日本企業がどのような問題に直面し，どのような対応を取ってきたのかをみていこう．

第1節　戦前のグローバル・ビジネス

(1) 初期のグローバル・ビジネス

　日本企業によるグローバル市場への挑戦は，江戸時代末に始まった．それまでおよそ200年もの間，日本は鎖国政策のもとで，諸外国との政治・経済・文化的な交わりを絶っていた．あらゆる財やサービスは国内において生産され，そして国内において消費されていた．ビジネス活動は，ほぼすべて国内で完結していた（ただし，ポルトガル，中国，朝鮮など一部の国とは貿易活動を行っていた）．

　しかし，1858年にアメリカ，イギリス，フランス，ロシア，オランダとの間で修好通商条約（安政5カ国条約）が結ばれると，外圧のもと日本市場は開放された．そして，次第にグローバル市場に組み込まれていった．国内市場に留まり，日本人だけをターゲットにビジネス活動を展開していればよいという時代に終わりを告げた．

　さて，日本における初期のグローバル・ビジネスは横浜，神戸，長崎に開設された外国人居留地において開始された．ここに諸外国から商社，金融機関，海運業者などが集まり，日本人との取引を開始した．居留地を窓口に，舶来品が国内市場に輸入された．また，日本製品が海外市場に輸出されていった．

　20世紀はじめには，日本商社が外国商社に代わって貿易活動に従事するようになった．三井物産，三菱商事，住友商事，伊藤忠商事，丸紅などがそれらの企業であった．今日でも，これら企業は日本のグローバル・ビジネスをリードしている．

(2) 工業発展とグローバル市場

　工業部門において，日本のグローバル・ビジネスをリードしたのが紡績業

であった．日本における紡績業の歴史は，江戸時代末の鹿児島紡績に始まる．同紡績工場は，五代友厚ら薩摩藩士がイギリスに渡り，そこで買い求めた機械設備・建物をもとに操業した．当時，鎖国政策のもと，日本人の海外渡航が禁じられていた．したがって，彼らは国禁を犯して海外市場に接近し，いち早く技術や知識を取り入れようとしたのであった．このように初期のグローバル・ビジネスは，国家による制約を受けながら芽吹き始めた．

明治新政府体制になると，状況は一変し，殖産興業政策のもとで紡績業の育成が図られるようになった．政府は欧米諸国の技術や知識を国内に移植するために，多数の外国人を雇用した（お雇い外国人）．後発国である日本企業は，やがてイギリスをはじめとする欧米先進国との競争に挑んだ．紡績業は次第に生産技術を高め，外国製品に代わり国内需要を満たすようになった．さらには，海外市場に向けて製品を輸出するようになった．その主要な市場となったのが，中国であった．この動きは日清戦争（1894～1895年）・日露戦争（1904～1905年）後より本格化し，総生産量の4割を輸出するまでになった（桑原 1991）．

しかし，輸出によるグローバル市場への挑戦はやがて大きな壁に突き当たることになる．関税障壁である．中国国内においても次第に紡績業が勃興しはじめ，生産水準が高まっていった．中国政府は自国産業保護のために，輸入製品の関税を引き上げ始めたのである．このような事態に直面し，日本紡績業は市場防衛のために，中国での現地生産に着手した．これら企業は在華紡とよばれた．1930年までに15の在華紡が中国市場に存在した（桑原 2002）．

(*3*) **戦時体制とグローバル・ビジネス**

戦前のグローバル・ビジネスは，貿易関連業を中心とするサービス業，紡績業を中心とする製造業ともに活発に展開された．また，三井，三菱，住友，安田などは急成長を遂げ，「財閥」としてその地位を高めていった．大資本を背景に，積極的な海外進出をみせた．これら企業活動の結果，日本企

業による海外直接投資残高は次第に増加していった．その金額は1900年200万円，1914年4.75億円，1919年8.75億円，1930年17.25～19.28億円となった（桑原 1990）．

　だが，1930年代より満州事変，日中戦争，太平洋戦争と，戦乱の時代を迎えると，グローバル・ビジネスは一転して停滞の時代を迎えた．日本国内においては，民間企業の活動が国家統制を受けるようになった．1938年に制定された国家総動員法により，政府が国内の人的・物的資源を統制し始めたのである．企業のビジネス活動は戦争遂行に向けられるようになった．一方，海外においては，戦争激化の影響を受け，現地経営が停滞し始めた．後に日本の敗戦により，これら現地企業は投資受入国政府によって接収された．

　このように，戦前のグローバル・ビジネスは，江戸時代末より貿易を中心に芽生え始めた．20世紀初頭からは主として中国において，現地生産が本格化した．しかし，戦争の勃発によりその動きは低迷し，敗戦により一時的に中断されることとなった．

第2節　グローバル・ビジネスの回復

(1) 廃墟の中からの再出発

　戦後，GHQ（連合国軍総司令部）主導のもと，日本の経済復興が進められた．日本政府は石炭・鉄鋼・肥料などの基幹産業に，限られた資源を重点的に配分し，産業全体の生産拡大を図った．

　一方，企業経営においては，戦争遂行協力者とみなされた経営者が企業から追放されていった．日本企業は専門経営者を失い，組織解体された．残された従業員が企業再建を担うこととなった．企業は新体制の下で再出発を図った．

　グローバル・ビジネスは，1947年に制限つき民間貿易の許可により，再開された．海外直接投資はブラジルでの製鉄所建設（ウジミナス製鉄所）のは

か，アラスカのパルプ資源への投資，北スマトラ石油への投資などが行われた．

しかし戦後，日本企業は現地生産よりもむしろ輸出を中心にグローバル・ビジネスを展開した．日本からの製品輸出額は年々増加し，貿易黒字が拡大していった．1968年には日本のGNP（国民総生産）はアメリカに次ぎ，資本主義国中第2位にまで拡大した．

(2) 国内から海外へのビジネス拡大

1970年代，日本企業のグローバル・ビジネスは岐路に差しかかった．この頃，戦後のグローバル経済をリードしてきたアメリカ経済が，低迷し始めたのである．怒涛の勢いで流入してくる日本製品を前に，深刻な打撃を受けていた．1971年には，アメリカは戦後初めて貿易赤字を経験した．

この事態を打開するために，1971年，アメリカは国際金融の枠組みを大きく変えた．これまで，為替相場は単一為替レートが設定されており，1ドル＝360円に固定されていた．しかし，グローバル経済における地位低下を背景に，アメリカは為替相場を固定相場制から変動相場制へと移行させた．円は急騰し日本からの製品輸出に不利な状況が生じた．日本国内での生産が高コストとなった．

これを受けて，日本企業の海外直接投資が本格化した．海外直接投資額は1971年には8億6千万ドルであったが，翌72年には23億4千万ドルと3倍近くに急増した．1972年を「海外投資元年」と称することもある．たとえば，ソニーや松下は，貿易摩擦の一因となったカラーテレビを現地生産するためにアメリカに進出していった．日本国内で培った生産技術・ノウハウといった経営資源を海外へ移転した．また，価格競争激化を背景に，比較的に労働コストの安いアジアへも生産拠点を移転した．このように，製造企業は多国籍展開をみせ，国際分業体制を構築していった（吉沢 2003）．

図表13-1は日本の海外直接投資（対外直接投資）の推移を示している．

第13章 日本企業のグローバル化 169

図表13-1 日本の対外直接投資推移

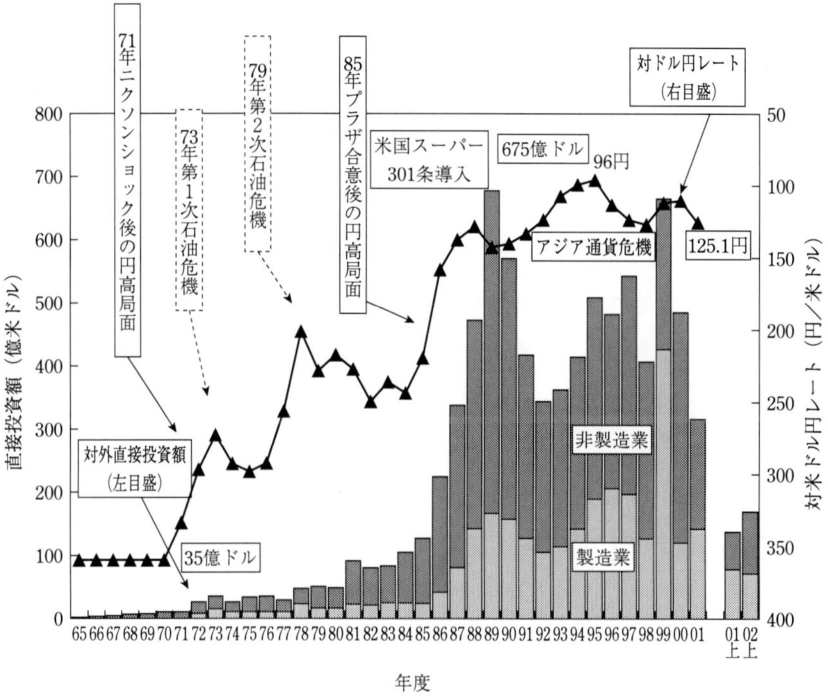

[グラフ: 縦軸左 直接投資額（億米ドル）0〜800、縦軸右 対米ドル円レート（円/米ドル）50〜400、横軸 年度 65〜02年上。主な注記：71年ニクソンショック後の円高局面、73年第1次石油危機、79年第2次石油危機、85年プラザ合意後の円高局面、米国スーパー301条導入、675億ドル、96円、アジア通貨危機、125.1円、対ドル円レート（右目盛）、対外直接投資額（左目盛）、35億ドル、非製造業、製造業]

注）対米ドル円レート：東京インターバンク市場　直物中心相場期中平均
　　96年度以降の直接投資額は，期中平均レートにて，経済産業省が米ドルに換算
資料）対外直接投資額：対外直接投資届出・報告実績（財務省）
出所）経済産業省『我が国企業の海外事業活動（第32回）』2004年

1970年代初めから1980年代末にかけて，日本企業の海外直接投資は一貫して右肩上がりに推移していった．

(3) 自動車産業のグローバル・ビジネス

1980年代になると，自動車産業の海外進出が活発に展開されるようになった．日本において，自動車産業は戦前より勃興していた．その主要なプレイヤーとなっていたのが外国の自動車企業であった．GM（General Motors），フォード（Ford），クライスラー（Chrysler）といった，いわゆるアメリカの

ビッグスリーが関東大震災後（1923年）から日本に進出し，市場を支配していた．しかし，やがて日本国内からトヨタ，日産，三菱，ホンダ，マツダといった企業が台頭した．

日系自動車企業は，1979年に起こった第2次石油危機を背景に，燃費のよい小型車の輸出を急増させ，グローバル市場に本格参入した．やがて日本企業はビッグスリーの市場を奪い始めた．この動きに対し，アメリカ政府ならびに経済界は強い危機感を抱き，日本側に自動車輸出自主規制を求めた．そのため輸出によるグローバル・ビジネスは限界に達した．そこで，日系自動車企業各社は世界最大の市場・アメリカを防衛するために，現地生産を開始した（吉沢 2003）．

ホンダは1982年に日系他社に先駆けてアメリカでの乗用車生産に踏み切った．同社は日系自動車企業では最後発メーカーであったが，同国ではすでに二輪車生産を手掛けており，その基盤を利用して現地生産に着手した．乗用車生産は次第に軌道に乗り始め，市場に浸透していった．

一方でこの時代，企業間提携も相次いだ．たとえば，トヨタはGMからの提携の申し出を受けて，1984年に合弁会社NUMMI（New United Motor Manufacturing Inc.）を設立した．資本金は両社が折半して出資した．従業員数は2,000名程度で，GMの遊休工場を改装し事業を開始した．実は，この工場は労働争議が相次ぐなど種々の問題を抱えており，低生産性のため閉鎖に追い込まれていたものであった．トヨタはこの工場に自社の生産システムを導入した．やがて，同工場は全米でも高い生産性を誇る工場となった（吉沢 2003, 板垣 2003）．

(4) グローバル・ビジネスの拡大とバブル経済

1980年代，電機機械，自動車をはじめとする日系製造業は，グローバル市場を席巻した．これら企業の強みは終身雇用・年功序列・企業別労働組合を基本とする「日本的経営」にあると考えられた．終身雇用とは定年時までの

雇用を保証した長期雇用関係である．年功序列とは年齢や勤続年数によって地位の上下をつけるシステムである．企業別労働組合とは企業ごとに組織される労働組合である．

　この時期，製造業のみならず，商社，金融，保険，不動産，建設，小売業など，多数の日本企業が他国に先駆けて海外直接投資を展開した．これら企業を合わせた海外直接投資総額は，1989年には675億ドルに達した．投資元年と呼ばれた1972年から20年足らずの間に，78倍に増加したことになる．日本企業は世界の主要都市に進出し，グローバル・ビジネスを展開した．

　ただしかし，これら企業が海外進出した背景に，日本国内における投機的なバブル経済が発生していたことを忘れてはならない．日本企業の株，国内の土地・建物といった不動産の価格は，年々上昇していた．後に高く売ることを目的に，これらを安いうちに買い入れる行為が行われていたのである．その結果，株価・不動産価格は実体経済とはなれた相場となっていた．企業はそこで得た潤沢な資金をもとに，円高によって相対的に安くなった海外資産を入手していたのである．

　やがて，1990年代初頭にバブル経済が崩壊すると，企業業績が悪化し始めた．実力以上にビジネスを拡大していたのである．とりわけ金融機関への打撃は大きく，その後10数年に渡り不良債権処理に追われることになる．金融機関の資金供給引締めにより，企業倒産も相次いだ．また，国内事業の失敗により，海外事業からの撤退が目立ち始めた．この時代，日本企業の撤退は製造業よりもサービス業に多くみられた（吉原　2001）．

第3節　グローバル・ビジネスの再編と再挑戦

(1) 空白の10年

　バブル経済崩壊の影響は長期に渡り続いた．そのため，日本企業は大規模なリストラを敢行せざるを得なくなった．不採算部門は縮小・廃止され，過

剰な人員は削減されていった．一方で，1990年代にはIT技術に代表されるような新技術が登場した．これらの知識を有する者の採用が開始された．このように，企業は過去の事業部門を整理するとともに，新たなビジネス・チャンスへの投資を行うことで，自ら組織変革し始めた．

　この過程で，かつて競争優位の源泉と考えられた日本的経営は大きく揺らいだ．雇用は定年まで保証されなくなった．また評価方法を年功序列から成果主義へと変えていく企業も現れた．さらに労働組合も組織率が低下し，かつてのような発言力をもてなくなった．

　この時期，企業トップの視野も大きく変わっていった．その背景には，外国人株主による持ち株比率の上昇があった．かつて日本企業は外資系企業による買収を警戒し，株式を相互に持ち合っていた．しかし，金融機関の体力低下を背景に，外国人株主が増加していった．図表13-2は外国人持ち株比率の変化を示している．1992年から2002年までの10年間で，外国人による持ち株比率が上昇していることがわかる．外国人株主の増加により，株主の発言力が高まっていった．そして，経営者はグローバル・スタンダードに立った経営判断を求められるようになった．

図表13-2　外国人持ち株比率ランキング

	2002年9月末	1992年9月末
キヤノン	46.0%	23.6%
ヤマダ電機	42.8%	1.1%
オリックス	40.9%	23.1%
山之内製薬	38.5%	22.6%
富士写真フィルム	38.0%	19.5%
ローム	37.9%	12.5%
塩野義製薬	37.8%	2.5%
TDK	37.5%	2.5%
HOYA	36.1%	9.2%
ソニー	36.0%	22.8%

出所）『日本経済新聞』2003年1月24日

(2) 新興企業の台頭

　多くの企業が業績悪化に苦しむ中，着実にグローバル・ビジネスを拡大する企業も存在した．たとえばトヨタは，アメリカ，ヨーロッパ，アジアの三極を中心に，研究開発・生産・販売拠点を構築した．同社の経常利益は1兆円を越え，同業他社を圧倒している（2006年時点）．同社は本国中心主義経営からの脱却を図った．1989年にはアメリカ市場において，新ブランド「レクサス」を立ち上げ，それを世界各国に推進していった．日本においては2005年からレクサスブランド店を展開している．日本国内ではなく，海外でブランドを構築するという選択を行ったのであった．

　このほか，グローバル市場における新興企業の参入も開始された．たとえば1964年に設立されたリース・金融業のオリックスは，アメリカ，アジア，オセアニア，ヨーロッパ，中東，北アフリカなど22カ国・地域に240の海外拠点をもち，グローバルにビジネスを展開している（2006年3月末時点）．

　また，1981年に設立された情報・通信業のソフトバンクは，アメリカ，ヨーロッパ，東南アジア，中国などの国や地域で，情報・通信関連ビジネスを展開している．デジタル情報技術によるグローバル市場への参入を試みている．

　このように，さまざまな日本企業がグローバル・ビジネスを展開している．その目的と方法は多様であり，各々に独自に成功への道を模索している．

　以上，本章では江戸時代末から現在に至る，日本企業のグローバル・ビジネスの歴史を概観してきた．日本企業はその時々の時代により，さまざまな問題に直面し，解決のための意思決定を行ってきた．今日，グローバル市場はブリックスの台頭により，さらに新たなステージへと向かいつつある．企業経営において，グローバル・ビジネスにおける意思決定の重要性が高まっている．

ケース・スタディ

キヤノン

　日本のグローバル・ビジネスをリードする代表的な企業のひとつが，キヤノンである．連結での売上高約3兆7,500億円，純利益約3,840億円という企業である（2005年12月決算）．海外売上高比率は7割に達しており，利益の多くがグローバル・ビジネスによってもたらされている．

　さて，キヤノンによるグローバル市場への挑戦は1937年の創業とともに開始された．同社の創業目的がドイツの一流カメラ・メーカー「ライカ」への挑戦であったためである．当時，技術水準で世界トップの企業に，後発国である日本企業が挑んだのであった．

　カメラの生産は戦後より本格化した．同社は早い時期から製品輸出を開始するとともに，独自ブランドの構築に力を注いだ．後発国企業が海外市場で製品を販売する際に，問題となるものがブランド力である．優れた品質をもつ製品を生産しても，ブランド力が弱ければ期待した成果を生み出すことはむずかしい．そのため，ブランド力のない企業は既存企業にOEM（相手先ブランド生産）供給することで，海外輸出に踏み出すことがある．

　しかし，キヤノンは知名度の低い小規模な企業であった頃から，独自ブランドでの販売にこだわり，自ら販売網を構築していった．今日では，キヤノンの名はカメラ，複写機，プリンタの世界的企業として認知されている．

　ところで，キヤノンのグローバル・ビジネスの特徴は，国内からの輸出比率が高いということにある．単独ベースで約8割の製品を海外輸出している．その理由はキヤノン製品が「グローバル製品」という特徴をもっていることにある．家電製品は各国・地域ごとに製品仕様が異なるために，現地生産が志向される．しかし，カメラ，複写機，プリンタのようなグローバル製品は，どこの国・地域においても同じ仕様で通用する．そのため，キヤノンは日本に拠点を置きながら，グローバル・ビジネスを展開している．

参考文献：藤野哲也「キヤノン　グローバル経営」吉原英樹・板垣　博・諸上茂登編『ケースブック国際経営』有斐閣，2003年．キヤノン史編集委員会『キヤノン史　技術と製品の50年』1987年．

参考文献

桑原哲也『企業国際化の史的分析』森山書店，1990年
桑原哲也「国際経営の歴史」吉原英樹編『国際経営論への招待』有斐閣，2002年
吉原英樹『国際経営』有斐閣，2001年
吉沢正広「日本企業のグローバル展開」岩崎功編『グローバル時代の経営と財

務』学文社,2003年

オリックスホームページ　http://www.orix.co.jp/grp/index.htm
ソフトバンクホームページ　http://www.softbank.co.jp/index.html

第14章　外資系グローバル企業の日本進出

〈学習のねらい〉

　日本企業と外国企業との関わりはおよそ100年以上の歴史を有している．時の政府は明治32年にそれまでの外資排除の姿勢から外資導入へ政策転換を図った．その年に日米初の合弁企業として米ウエスタン・エレクトリック社と日本人技術者との提携により日本電気が設立される象徴的な出来事があった．それ以降，GM，フォード，IBMなどの企業が相次いで日本に子会社を設立するなど，米英の企業を中心に日本への進出が相次いだ．第2次世界大戦でその動きは一時中断したものの，戦後再び多くの外国企業が日本に進出した．そういった外国企業が日本の経済発展や企業経営の革新に及ぼした影響は大きい．これら外国企業は，当時，日本に存在しなかった新しい産業を創出し，新しい経営方式を持ち込み日本企業の近代化に貢献した．こうした点で外国企業が日本の経営発展において果たした大きな役割を看過することはできない．外国企業の事業活動の軌跡を歴史的に振り返ることにより，日本の経営発展の要因を外国企業の在日事業活動を通して理解することは重要である．

第2次世界大戦前に日本へ進出した外国企業（外国企業との合弁や外資提携企業を含む）の歴史についての理解が深まりはじめたのは比較的最近のことである．国内の研究者のみならず国外の研究者が外国企業の日本における事業活動について解明した優れた研究が多くなされ，それら成果が発表されるに至っている．そうした研究成果により，従来，国内的な要因のみで説明されてきたわが国の産業や企業の生成や成長の理由や，ひいては日本経済の発展の説明が，日本に進出してきた外国企業の対日戦略や世界戦略と関係づけて，すなわち，グローバルな視点を取り入れてより正確に認識できるようになったのである．つまり，日本の産業の発達とこうした外国企業の日本における活動の実態とを関連づけてその様子が一層鮮明に理解できるようになったのである．その意味で，国際関係を視野に入れた研究が今後ますます重要となってくるといえる．日本に進出した外国企業の歴史について理解を深めることは，日本企業のグローバル化を理解しようとするときに，より的確な理解をわれわれに与えてくれる大切な要素となっていることを認識したい．

第1節　明治から第2次世界大戦前まで

日本は幕末に開国し，港湾付近に居留地を設けそこに外国人の居住を許した．彼らは治外法権を認められ，貿易商社や銀行や海運企業をそこに設立し，主に日本と諸外国の貿易の仲介を行っていた．しかし，明治政府は外国企業が日本へ進出することは日本侵略に繋がるとして恐れ，外資排除の姿勢を堅持した．その後，日清戦争の勝利を境に，国力に自信をもちはじめた政府はそれまでの排除の姿勢を改め，1899年（明治32）に導入政策に転換した．商法の施行，外国人の土地所有の公認，治外法権の廃止，金本位制の確立など一連の政策が実行され外国企業にとっての事業環境が徐々に整備され始めた．さらに第1次世界大戦後に日本経済がいちじるしく発展した．これ

も外国企業が日本に進出する大きな要因となり，この時期に外国企業の進出が目立った．こうした外国企業の日本進出の活発化は欧米諸国企業の海外投資戦略の一端がわが国にも及びはじめたことを意味しているといえる．日本に進出する外国企業が日本市場へ参入しようとするとき，多くの場合において外国企業は日本企業と合弁形態で子会社を設立し進出した．それら合弁企業を設立する際の日本の提携企業は，財閥系企業が主に選択された．

ここで1899年から1914年までに日本に進出した外国企業の年次，日本側の企業，業種をいくつかあげれば次のとおりである．日本とアメリカ間で最初の合弁企業となった日本電気は，1899年7月，米ウエスタン・エレクトリック社と日本人技術者の岩垂邦彦らが提携し，成立した．日本電気はまもなく電信電話機の製造を開始した．同年12月には，アメリカン・タバコが村井吉兵衛と合弁形態で（株）村井兄弟商会を設立し，シガレットの製造販売に着手した．1905年にはGEが東京電気（後の東芝）と提携し電球の製造に従事した．同じくGEは1909年に芝浦製作所（後の東芝）と提携し，重電機などの電気機器の製造に関わった．

日本へ進出した外国企業の進出時期をみると，1899～1900年4社，1905～10年10社，1917～35年26社，1939年1社である．国別の内訳は，アメリカに本社をおく企業22社，イギリス12社，ドイツ4社，フランス，スウェーデン各1社であり，米英欧の企業がその全体を占めていた．業種の内訳は，機械20社，化学13社，石油3社，食品2社その他であった．それら企業の設立時の所有形態は，外国企業の完全所有子会社11社，外国企業（複数）の完全所有子会社2社，日本企業との合弁会社24社であった．日本企業と合弁形態で現地子会社を設立する場合，提携企業は，三井系5社，住友系3社，三菱，古河，村井系各2社その他の内訳であり，上述のように日本側提携企業として財閥系企業が多く選択されていたことがわかる．

外国企業による日本への投資残高は，1928年の1億1,400万円が第2次世界大戦以前の最高額である．金額的にはそれ程大きなものではなかった．し

かし，それらの投資先をみると自動車，電機，ゴムなど当時の先端分野が多くを占めていた．後発工業国の日本にとって外国企業の投資が当時の先端産業分野の生成，発達に少なからざる貢献をしたことが窺える．日本に進出した外国企業の進出の経緯についてみると，日本側企業と提携し合弁事業をスタートする前からすでに日本への輸出活動を行っていた．日本の代理店を通じ，あるいは販売拠点を設けるなどして輸出していたのである．外国企業が輸出から日本へ進出し現地で生産活動に従事しようとする戦略に移行を促したものは，本国からの輸出が困難になる事態の発生もしくはその恐れであった．それら要因は，関税の引き上げ，日本の競争企業の台頭，政府による輸入の抑止などであった．こうした事態に直面した外国企業は，財閥系企業との提携，特許の交換，市場分割に関する協定締結などの措置をとり，同時に提携相手企業を通しての輸出増大などを試みた．

　こうして，本格化していった外国企業の日本進出も満州事変勃発後，しかしながら軍部の台頭とともに外国企業の進出については排除の方向に政策が修正された．また当時すでに日本において事業活動を展開していた企業は活動が抑制された．そのような企業は外国人経営者を日本人に交代させるなどして企業の日本化を図り生き残りを模索した．しかし，多くの外国企業は事業活動を縮小せざるを得ない事態に追いこまれた．そして太平洋戦争が近づくとともに外国企業の多くが活動を休止し，さらには日本からの撤退を余儀なくされた．

　戦前こうした外国企業の日本における事業活動の展開は，日本の企業経営や産業や工業の発達に大きな影響を与えた．まず，提携先の欧米企業から最新技術や経営管理を導入することができたことがあげられる．その結果，外国企業と提携した企業は早期に業界において支配的な地位を築くことができた．またそれら企業に勤務していた人びとが日本企業への転職を通じ日本企業に進んだ技術や手法を移転し，日本企業の発展に貢献した．政府は，日本の近代化を実現するために必要な資本や進んだ外国技術を求めて対日投資を

促し，産業や工業の発展にそれら外資を巧妙に利用した．そこには，豊富な資金や優秀な外国技術の日本への移転と，日本企業によるそれらの吸収を通じての技術自立化への期待があった．しかし一方で，外国企業が日本の産業界で支配的な地位を築くことを極端に警戒していた．

第2節　第2次世界大戦後について

　日本は1945年8月15日に終戦を迎え，それから約7年間アメリカ軍の占領下におかれた．その間，GHQ（連合国軍最高司令部）により財閥解体，労働改革，農地改革などの経済民主化政策が断行された．占領軍当局は，日本の戦後経済の復興にとって外国企業の参入や再参入は経済復興に混乱を招くとして規制した．日本の戦後改革の遂行を支援し，同時に，日本経済の復興の妨げとならないように一時的に外資の参入を規制しようとしたのである．その背景には，日本国内の基幹産業の自国による所有が経済の自立化にとって不可欠の要素であるとして，国内基幹産業の所有について外国企業が過半数を超えて所有することや，重工業のような基幹産業において外国企業が国内で操業することに反対する声があったためである．こうした外資規制がなされているなかで，GHQは占領政策を実行していく上で必要とする支援を受けるための外国企業の子会社や支店の設立を例外的に許可した．たとえば，ナショナル・シティー・バンクはGHQ職員のための金融機関として日本の支店の開設を許可されたし，同じく職員のための清涼飲料としてコカ・コーラが，また石油の安定供給を支援するためカルテックスが，そして第2次世界大戦前に日本に進出していたIBMなどの企業が，占領政策遂行支援のために必要な企業として参入や再参入が認められたのである．

　戦後間もない頃の日本の外資導入の中心的位置におかれていたのは外国技術の導入であった．戦争により日本は外国技術の国内への移転の機会を失っていた．戦後の荒廃からの復興と軍需から民需への産業構造の転換の圧力に

対し外資と外国技術の導入がそれらを解決する有効な手段であると認識し，それらへの依存を強めざるを得なかったのである．

1949年1月にGHQは，日本経済復興のために徐々に日本市場を再開することが望ましいと判断し，日本への直接投資を戦後初めて再開すると発表した．しかしながら，日本政府のとった対日直接投資についての政策は規制色の濃いものであった．日本において株式や資産の取得を希望する外国人投資家は，投資案件について許可申請を提出しなければならず，これが厳しく審査されたことがそれである．これに法的根拠を与えたものは1950年に制定された外資法である．こうした規制は，日本に進出しようとする外国企業が日本政府や時には日本企業との間で長い交渉のテーブルにつかなければならことを意味していた．それについてIBMを例に概観する．

戦前に日本に進出していたIBMは，戦後日本への再参入を果たし，日本の子会社（現日本IBM）を再開した．1956年に事業活動に必要となる技術や機械を外資法のもとで輸入した．そしてそれらの日本への輸入代金の支払いや事業活動から得られる利益を本国に送金するため許可を申請したところ，日本政府から日本企業と合弁会社の設立を勧められたり，IBMの保有するコンピュータに関するさまざまな基礎的な特許を日本企業に供与することを求められるなど，勧告や助言が繰り返され許可に対する時間の引き延ばしを受けた．さらには日本での製造計画そのものを断念するよう迫られるなど時間の引き延ばしが繰り返された．そして，最終的にIBMが許可を得たのは4年もの歳月を経てのことであった．さらにIBMはこの許可を受けた見返りに，同社がもつコンピュータの特許を日本の電気メーカーに供与しなければならなかった．

1950〜60年代において日本政府が方針とした外資への姿勢はこのような規制的なものであった．その後，60年代後期になると日本政府の外国企業に対する態度は比較的自由さを増した．貿易の自由化に続いて1967年には資本自由化計画の第一弾が実施された．この措置は外圧のもとで数次にわたり段階

的に進められた．徐々にではあるが外国企業による日本への直接投資の制限が緩和されていった．しかし，政府はコンピュータやICなどを製造する日本企業が国際競争力をつけてくるまでは相変わらずそうした分野への外国企業の進出を規制した．日本政府や産業界には，外国企業の直接投資を緩和することは，欧米の大企業の日本進出を招き，ひいては日本企業の成長に危機を招きかねないとする外国企業脅威論があった．こうした考えを背景に外国企業の日本進出を抑止する予防的措置をとったのである．しかしこうした中においても，外国企業の日本進出は徐々にではあるが着実に進行した．いくつか例をあげれば次のとおりである．1960年代は，新キャタピラー三菱（アメリカ，建設機械），ヘキスト・ジャパン（ドイツ，化学製品），1970年代は，バイエル薬品（ドイツ，医薬品），エイボン・プロダクツ（アメリカ，化粧品），ジョンソン＆ジョンソン（アメリカ，トイレタリー用品），1980年代は，ベネトン（イタリア，アパレル製品），マイクロソフト（アメリカ，ソフトウェア産業）などがあげられる．いずれの企業も日本で馴染みの深いものばかりである．こうした中で，厳格に日本での企業活動が規制されていたサービス部門についても規制が緩和されはじめ，その分野への外国企業の進出が活発化した．1970年代のマクドナルド（アメリカ，外食），80年代のアメリカンファミリー（アメリカ，生保業界），90年代のエジソン生命（アメリカ，生保業界）などがその代表的な企業としてあげられるであろう．

　日本に進出した外国企業は，進出した当該産業において支配的な地位を築き，日本企業の地位を脅かすのではないかと，当初日本政府や産業界は危惧したが，結果的にそれは杞憂に終わった．むしろ日本企業はそういった外資との提携や合弁会社設立を通じて，欧米の経営管理手法やマーケティング技法を吸収し，日本企業自身の競争力の強化に役立てていった．1970年代以降，日本企業は海外進出を活発に展開していくが，日本企業が海外進出するときの競争力強化に外国企業が一役買った例といえよう．

　1980年代に入ると，日本の輸出は急増し，欧米諸国との間で深刻な貿易摩

擦が発生した．さらに70年代から海外進出が活発化した日本企業とは対照的に日本に進出しようとする外国企業の数はそれほど伸びず，1985年時点で日本の海外直接投資が120億ドル超であったに対し，対日直接投資はわずか8億ドルほどであり，いちじるしい不均衡が存在していた．これに対し世界各国から批判が噴出し，日本はそれまでの慎重な資本自由化政策から投資促進へと政策の転換を迫られた．しかし，この段階の政策は欧米からの批判を回避することを目的とした消極的な投資促進であり，日本の貿易黒字を削減するために輸入の促進を意図した外国企業の日本における拠点設置を念頭においたものであった．その当時はまだ外資を日本の経済発展のために活用しようとか，地域経済を活性化するための原動力にしようとする意図はみられなかった．

　1990年代に入り，バブル経済を謳歌し，そしてバブル経済崩壊を経て平成不況といわれる年代に日本経済は突入した．85年後半からの円高の進行と定着により企業の海外進出は後を絶たず，それに伴う産業空洞化による雇用不安や地方経済の停滞など，日本経済の先行きに対する懸念材料がこの時期にきて顕在化した．この段階に至り，それまでの対日直接投資に対する消極的姿勢から，日本経済全体の活性化に外資を利用しようとする積極的姿勢に変容した．政策的には規制緩和や投資優遇策などの措置を講じることにより，外国企業の日本進出について環境をより良く改善していくことに主眼がおかれた．

第3節　非製造業外国資本の進出

　日本への直接投資を実行した外国企業は既述のとおり，従来は製造企業が中心であった．しかし，近年は，外食，レジャー，金融，保険，通信といったいわゆるサービス産業の日本進出が顕著である．世界の先進諸国では，サービス分野の産業の比率がいちじるしく増加した．日本においてはこうした

サービス分野への外国企業の進出は，銀行，証券，小売業などにおける外資規制が残存していることや，サービス産業に対する規制緩和の遅れなどもあり，外国企業進出が妨げられる状況が続いていた．こうした中で，80年代以降に規制の緩和が進展するにつれて，サービス分野への外国企業の進出が活発化しはじめた．90年代末の，いわゆる金融ビッグバンの実施や国内銀行の経営の不安定化による再編成などにより，この傾向は加速されている．最近の調査によると，集計した在日外資系企業2,038社の分類をみると，製造業が約3割，非製造業が約7割となっており，ここ数年の傾向は非製造業の比率が上昇している．業種別にみると化学104，一般機械93，情報通信機械73，輸送機械60他となっている．非製造業では卸売業788，サービス業260，情報通信・運輸業253他となっている．国別では，ヨーロッパ系860，アメリカ系773，アジア系298となっており，アジア系企業の内訳では中国企業が114となっており，近年の傾向として中国系企業が躍進している[1]．

第4節 外国資本にとっての日本市場

この節では，なぜ外国企業が日本に直接投資を実行するのか，すなわち，経営資源の国際的な移動を誘発するようなどんな要因が日本市場に存在するのか，そして日本市場は外国企業にどう映っているかをみてみよう．

一般的に日本は市場参入に伴うコスト，営業コストが高く投資効率が決してよくないこと，人件費，土地代が高くそれを回収する投資回収期間が長いこと，事業を開始していくうえでの公的規制が多いこと，法人税が高いこと，日本に特有の商習慣があり市場が閉鎖的であること，日本国内において外資系企業で活躍できる人材の確保が困難なこと，など外国企業にとってさまざまな障壁が存在するといわれている．それにもかかわらず，それらを前提にして日本に進出する外国企業にとっての，日本市場の魅力とは何であろうか．外国企業の最大の進出動機のひとつは，日本の巨大な市場と購買力で

ある．GDP約4兆5,000億ドル，1人当たりのGDP 3万ドル超の大規模な市場の存在である．これは外国企業にとって大きな魅力であるに違いない．外国企業の多くが，この大きな市場の獲得を目的に進出しており，今後ともこの傾向は続くものと思われる．この日本市場の規模と今後の成長性に対する期待は高い．それに続くのは，市場と技術に関する情報収集の目的，日本企業が保有する技術やノウハウへの接近や吸収，日本企業が製造する優秀な原料や部品の調達などである．さらに，日本に進出する外国企業がグローバルな事業戦略を展開していくうえで日本市場は重要な位置を占めていることをあげなければならない．そして，日本市場自体の重要性とともに，日本からアジア諸国に事業を展開していくための重要な拠点として日本市場が重要な役割を担ってきていることを理解しなければならない．またすでに述べたように日本企業が保有する高い技術水準も外国企業を引き付ける大きな要因である．日本企業が次つぎと生み出す最新のテクノロジーやノウハウに接近し獲得しようとする動機も日本進出の理由のひとつに数えられる．そうした目的をもつ外国企業は，合弁事業や技術提携を通じ事業を行うことで技術やノウハウの獲得を期待している．さらに世界市場における日本市場の重要性という点では，日本市場で一定のシェアを獲得できる製品を供給することが，今後の世界展開とって必要な条件と考え対日進出する外国企業もある．

　以上みてきたように，外国企業が日本に進出する動機は大きく2つに分けることができる．ひとつは，日本市場の規模の大きさと成長性であり，企業の売上高や利益を重要視していること，もうひとつは，日本の市場に関する情報収集や，日本企業のもつ最新の技術やノウハウを獲得する目的である．これは日本を世界市場の最重要市場のひとつとして位置づけ，同時に外国企業が日本において事業活動を展開するうえで必要とする経営資源を獲得するための有力な調達先と認識しているという点である．

第5節　日本にとっての外資の意義

　日本への直接投資は，80年代半ばごろまでは約8～9億ドル前後で推移していたが，87年には22億1千万ドルと対前年度比2.4倍となり，88年には32億4千万ドル，89，90年には28億ドル前後となり，91年には43億ドルを記録した．その後はバブル経済崩壊後の日本経済の低迷，円高等の要因により93年には30億7千万ドルと大幅に後退した．近年の対日直接投資は，他の先進諸国と比較すると投資額はきわめて低い水準で推移している．たとえば1人当たりの直接投資残高でみると，イギリスの32分の1，アメリカの21分の1，ドイツの8分の1となっている．こうした傾向が日本市場の閉鎖性を顕著に表わしているものとして批判の対象になっている．これについては既に述べたところであるが，こうした状態が改善され，外国企業の日本進出が活発に展開されることになれば日本経済，さらには世界経済にとって大きな利益を享受できる機会となるといえる．対日直接投資を促進することにより得られる利益として次のことが考えられる．

　①外国の優秀な企業が日本で活動することにより，多様な競争が促進されること，②競争の結果，国内企業の生産性が向上し，内外価格差が是正され，消費者の選択の余地が拡大すること，③外国企業の進出により雇用機会が増大し，さらに新しい分野の産業の創出の可能性が期待できること，④対内投資と対外投資の不均衡が改善されることにより，日本市場は閉鎖的であるとする批判を是正することができる，などである．このように対日直接投資が増大すれば，国内での多様な競争を通じて，いわゆる内外価格差の是正が可能となり，また経済構造の調整による日本経済へのよいインパクトが期待できるものとしている．

第6節　今後の課題

　欧米先進諸国への直接投資に比較して，対日直接投資は極端に低い水準といわざるを得ない情況にある．これを今後増大させることは日本経済のみならず世界経済にもよい影響を与えることを確認した．国家レベルで対日直接投資を拡大していく促進策は徐々に整備されてきてはいるが，まだまだ課題が多く残されているといえる．平成15年1月政府は「5年で対日直接投資を倍増する」という目標を打ち出した．海外への日本市場のアピール活動，事業環境の整備，行政手続の見直し，インフラ整備，国と地方の受け入れ態勢の整備等を通じて対日直接投資を促進しようとしている．政府の規制の緩和，民間企業の独特な商習慣の改善などを通じて外国企業が日本へ進出する際の阻害要因を取り除く必要がある．さらに税金面の軽減措置，補助金の交付などの面で国際的水準に近づける努力が求められる．そこには進出しようとする外国企業に対する優遇措置が諸外国に比べ不十分との指摘があるためだ．今後以上のような点について改善，是正することが外国企業が日本に進出する際にそれを容易にする環境を作り出すことになろう．

ケース・スタディ

フォード，GMの日本進出

　日本に進出した外国企業が，日本の新しい産業や工業の生成や発達といかに関わり，独立した分野として自立化する際にいかに影響し貢献したかについて，フォードとGMをケースに取り上げてみてみよう．

　フォードとGMは，1925（大正14）年と1927（昭和2）年に相次いで日本に進出し，それぞれ横浜と大阪に自動車組み立てのための生産拠点を設けた．両社が日本に進出するまで日本には自動車製造専門企業は存在しておらず，当時の日本の自動車はほとんどが輸入車であった．両社の日本進出が実質的に国内における自動車生産のスタートであったといえる．両社に日本進出を決断させたのは，1923（大正12）年の関東大震災であった．関東地方の鉄道は寸断さ

れ，物資の輸送に支障をきたした．ここでトラックなどの自動車の実用性が注目されはじめ台数は急速に増加した．フォードは復興のためのバス，トラックの大量注文をうけたのを機に日本進出を決意し，横浜でKD方式による組み立て生産を開始した．このフォードの進出はGMを刺激し，同社も進出を果たし大阪に組み立て生産の拠点を作り製造をはじめた．両社は自動車の組み立て技術を日本に持ち込み，生産に携わる熟練工や技術者を養成した．それまで日本にはなかった自動車の販売網を作り上げ，多くの販売店の育成に努力した．また，自動車組み立てのための部品を現地で調達することにより中小の機械企業の生成や育成にも貢献した．その後，政府はフォードやGMに対する姿勢を排除へと転換する方針を採り，彼らの活動を抑制するようになった．代りに日産やトヨタなどが政府の保護のもとに台頭しはじめた．ここで注目すべき点は，日本の自動車企業が躍進する基礎を提供したのはフォードやGMのそれまでの事業活動であったことである．つまり，両社が日本の自動車企業の離陸のための条件を整備したといってもよいだろう．たとえば，トヨタが販売組織を作りあげる上で貢献した人びとは，日本のGMに勤務し，その間にアメリカ流のマーケティング手法や販売ノウハウを身につけた人びとであった．フォードやGMが日本で事業活動を実行していた基礎の上に，日本の自動車企業の生成，発達はあったのである．

📖 用語解説 📖

合弁事業：ジョイント・ベンチャー（joint-venture）ともよばれる．海外市場に参入しようとする企業が，現地の企業をパートナーとして共同で事業を経営すること．

KD生産：自動車の輸出形態は完成車輸出とノック・ダウン（knock-down）輸出に大別される．KDは解体車両の略称で，輸出に際して解体した車両構成部品を梱包し，船積み，搬送し現地組立工場で完成車に仕上げる．

☞ 注）
1) 経済産業省経済産業政策局調査統計部編『第38回　外資系企業の動向』（平成16年外資系企業動向調査），平成17年11月

✐ 参考文献 ✐

通商産業局『外資導入年鑑』1963年

宇田川勝「戦前日本の企業経営と外資系企業（上）（下）」『経営史林』第24巻第1号，1987年

桑原哲也「第2次世界大戦前の外国企業の対日投資——二次文献の調査にもとづいて——」京都産業大学『経済経営論叢』第26巻第2号，1991年
宮本又郎・阿部武司・宇田川勝・沢井実・橘川武郎『日本経営史』有斐閣，1995年
通商産業省『外国企業とわが国経済——外国企業からのメッセージ』1995年
吉原英樹『外資系企業』同文舘，1994年
井上隆一郎『外資誘致の時代——地域経済活性化を目指して——』日本貿易振興会，1998年
経済産業省『第38回外資系企業の動向』（平成16年外資系企業動向調査）平成17年11月

索 引

あ 行

IT　40, 182
　　――革命　78
　　――企業　23, 24
　　――技術　79
　　――産業クラスター　107
　　――バブル　24, 79
IBM　15, 21, 48, 49, 72, 176, 180, 181
アウトソーシング　102, 106
アカウンタビリティ　149, 154, 155, 159
アーキテクチャ　49
旭化学　59
旭硝子　60
ABB（アセア・ブラウン・ボベリ）　61
ASEAN 地域　113
アップル　80
アプライアンス　39, 40, 42, 44
アベグレン　70-72
アマゾン・ドットコム　23, 85
アメリカン・タバコ　178
アメリカンファミリー　182
アライアンス　84, 85, 88
安藤百福　27, 33, 34, 36
移行コスト　128
伊藤忠商事　165
イノベーション　23, 27, 40, 73, 78, 79
井深大　31
異文化　8, 34, 75
インクリメンタル・イノベーション　83, 84
インセンティブ　43, 51, 130
インターナショナル組織　62
インターネット　79
インテグレーター　92
インテル（Intel）　23, 49, 132
インド　84
ウエスタン・エレクトリック社　32, 176, 177
ウェーバー，A.　105
ウェルズ，L.　61
エクセレント・カンパニー論　72
エクソン　21
エジソン生命　182
SHRM　69
エスノセントリズム　5
HR プラン　76
AT & T　123
NEC　62
NPO（民間非営利組織）　149, 150, 152, 154, 155, 158-160
FTA　113
M & A　3, 88
円高　3
エンプロイヤビリティ　74
エンロン社　137
OEM　174
オイルショック　113
オールド・エコノミー　24
オープンソース（開発）　39, 40, 48, 120, 117, 120
お雇い外国人　166
オリックス　173
オンリーワン　108, 113

か 行

海外現地法人数　94
海外直接投資　14, 168
海外直接投資額　168
海外直接投資残高　20
海外投資元年　168
会計原則　134, 136
外国人居留地　165
介護産業　83
外食元年　34
カイゼン　79
外部経済効果　106
外部効果　53
賀来龍三郎　64
革新　27
合併　44
過半数所有方式　12
カルテックス　180
為替相場　168
為替変動リスク　7
観光資源　110, 114
観光立国　114
関税障壁　166
間接投資　14
間接費用　48

間接輸出　8
完全所有子会社　18
完全所有方式　11-13
カンパニー制　59, 60
企業家　27, 79
　　──精神　28, 34
企業組織戦略　39
企業別労働組合（企業別組合）　71, 170
企業立地　105
技術供与　8, 18
機能別組織　55, 57
規模の経済　39, 42, 48, 62
キヤノン　64, 73, 74, 174
ギャランツ（格蘭仕）　4
競争優位　110
居留地　177
空洞化　113
空白の10年　3
グーグル　23
クライスラー　21, 169
クラスター（ぶどうの房）　105-107
グローバル企業　6
グローバル市場　3
グローバル人的資源管理　70
グローバル・スタンダード　76, 138
グローバル・マトリックス　61
経営資源　6, 15, 68
経営ノウハウ　12
継続事業体（ゴーイング・コンサーン）　81
ケイパビリティ　39, 40
研究開発　11
現代　112
現地市場志向　11
現地生産　8, 10, 18, 112, 170
現地調達率　7
現地適応化　11
現地（の）ナショナリズム　8, 12
現地のニーズ　112
現地法人　88
限定された合理性　121
合弁会社　18
　　──企業　178
　　──形態　178
　　──事業方式　11-13
コカ・コーラ　21, 180
互換性（部品）　19, 42
顧客の創造　81
国営企業　3

国際財務報告基準（IFRS）　135
国際事業部　61
国際ビジネス環境　16
国際物流　99, 101
国際分業体制　168
国内経営　6
国有企業　3
ゴシャール，S.　62, 74
コストの負担　12
固定相場制　168
コンカレント・エンジニアリング　110

さ 行

在華紡　166
財閥　166
財務諸表　134, 139
佐川急便　94, 99
サムスン　85
サムスン電子　88, 89
産業集積　106, 107, 110, 111
サンクコスト　128
サンクション　122
サンマイクロシステムズ　124
シアーズ・ローバック　58
GE　178
GHQ（連合国軍総司令部）　167, 180, 181
GAAP　134, 136
CSR（企業の社会的責任）　72
GNP（国民総生産）　21, 168
GM（ゼネラル・モーターズ）　15, 21, 56, 112, 141, 169, 170, 176
シェル　17
事業部制組織　55-58
事業本部　61
市場経済　2, 3, 23
市場ニーズ　11
市場防衛　10
GDP（国内総生産）　23
芝浦製作所　178
社会主義市場経済　3, 23
シャープ　110
集権化　60
集権型　42, 43
集権的　45
　　──な組織形態　47, 57
　　──なモジュール・システム　47
終身雇用　71, 170
シュンペーター，J.　27, 79

証券監督者国際機構　136
少子高齢化　83
少数所有方式　12
殖産興業政策　166
職能部門制　56
所有政策　11
ジョンソン&ジョンソン　182
シリコンバレー　79, 89, 107
新キャタピラー三菱　182
人材　67
人材フロー　68
人的資源管理　67
垂直統合　44
スイッチングコスト　53
スクリーニング　131
スタンダード石油　58
ステークホルダー　133, 134
ストップフォード　61
住友　166
住友商事　60, 99, 165
住友スリーエム　75
３M　72, 75, 76
成果主義　72-74, 172
製造拠点　110
世界の工場　23
セル生産方式　80
全日本空輸　94
戦略提携　89
組織　67
SONY（ソニー）　31, 59, 60, 85, 88, 168
ソフトウェア産業　117
ソフトバンク　87, 88, 173
SOHO　81
孫正義　87

● た 行
第１次オイルショック　87
第２次石油危機　170
ダイバーシティ・マネジメント　72
大量生産　19
大量販売　19
ダウ・ケミカル　21
武田薬品工業　57
多国籍企業　6, 18
単一職能性　56
ダンロップ　17, 18
地域事業部　61
地域本部　61
知識変換プロセス　110

地場産業　109, 110
チャンドラー, A. D. Jr.　56, 61
中国　84
直接投資　14
直接輸出　8, 9
DVD　89
デジュリ・スタンダード　43
デファクト・スタンダード　43
デュポン　21, 56, 58
デル　15
ドア・ツー・ドア　92
東京通信工業　31
東京電気　178
独立採算制　59
トヨタ　15, 80, 84, 110-112, 139, 141, 170, 173
トヨタ生産方式　91
ドラッカー, P. F.　79, 81
トランスナショナル　62
取引費用　39, 40, 42, 43, 53, 122

● な 行
ナショナル・シティ・バンク　180
日亜化学　83
日産　84, 110, 112, 113, 170
日清食品　33
日本型雇用　71
日本通運　98
日本的経営　5, 67, 70, 72, 73, 75, 91, 170
日本電気　176, 177
日本版金融ビッグバン　82
日本郵船　92
ニュー・エコノミー　24
NUMMI　170
ネット・オークション　85
年功序列　170
年功賃金　71
ノックダウン　112

● は 行
バートレット, C. A.　62, 74
ハイアール（海爾集団）　4
バイエル薬品　182
バイオ・テクノロジー　41
ハイテク産業　41
ハイブリッドカー　80, 112
発展段階モデル　61
バーニー, J. B.　41
バブル経済　3, 22, 171

P＆G　72
光ファイバー　88
ビジネスモデル　100
日立製作所　60
ヒューレット・パッカード　4, 15, 49
標準製品　19
フィアット　21
VW　112
フィランソピック・リサーチ　159
FedEx　92
フォード　21, 169, 176
不確実性　39
藤沢武夫　30
プジョー　21
ブリックス（BRICs）　3, 101, 112
ブロードバンド　87, 88
プロフィット・センター　60
文化摩擦　133
分業と調整　57
分業の原理　57
分権化　60
分権的モジュール・システム　45
分社制　61
米国会計基準　133, 135, 136
ヘキスト・ジャパン　182
ベネトン　182
ベルトコンベア方式　80
ベンツ　21
変動相場制　168
補完財　44
保護主義的貿易政策　10
ポジティブ・フィードバック　106
ポーター，M. E.　105, 106
ポータル・サイト　85, 88
ボーダーレス化　133, 134
ポートフォリオ　72
ボランタリーセクター　153
本国中心主義経営　173
ホンダ（本田技研工業）　28, 30, 61, 80, 84, 86, 110, 112, 170
本田宗一郎　27, 36

● ま　行

マイクロソフト　23, 120, 182
マクドナルド　15, 182
マーケティング　81
マーシャル，A.　105, 106
マスキー法　87
松下　168
──幸之助　31
──電器産業　59, 62
マツダ　170
マッチングコスト　44, 126, 127
マトリックス組織　55, 57, 59
マルチナショナル組織　62
丸紅　165
三井　166
三井物産　165
三菱　166, 170
三菱化学　59
三菱商事　59, 165
ミリュー　107
──・アプローチ　105-107, 109, 111
ミンツバーグ，H.　63
村井兄弟商会　178
村井吉兵衛　178
メガ・コンペティション　5
モービル　21
目標管理　75
モジュール　46
モジュール化　39, 40, 42
──戦略　42, 49
モジュール・システム　40, 42, 44-46
モチベーション　74
モニタリング　131
モラルハザード　122, 131
盛田昭夫　27, 30-33, 36

● や　行

安田　166
ヤフー　87
ヤマトホールディングス　92
輸出（志向）　8, 10, 11
UNIX　53, 123, 124
輸入代替工業化政策（輸入規制）　7, 10
ユニリーバ　25

● ら　行

ライセンシング　18
ライセンス契約　18
ライフサイクル　63
ラディカル・イノベーション　84
立地要因　105
リナックス（Linux）　46-49, 117, 128, 129
LinuxOS開発　39
Linuxディストリビュータ　49
ルーティン　39-41

ルノー　85
レクサス　173
レノボ（聯想集団）　4, 15
連結キャッシュ・フロー計算書　139, 145
連結財務諸表　138, 139
連結損益計算書　139
ローカル化　60, 109, 110
ロシア　84
ロジスティクス　91
　　──・マネジメント　91

入門　グローバル　ビジネス

2006年9月30日　第一版第一刷発行

編著者　吉　沢　正　広
発行所　㈱　学　文　社
発行者　田　中　千　津　子

東京都目黒区下目黒3－6－1
〒153-0064　電話(03)3715-1501　(代表)　振替　00130-9-98842
http://www.gakubunsha.com

落丁，乱丁本は，本社にてお取り替えします。　　　印刷／シナノ印刷㈱
定価は，売上カード，カバーに表示してあります。　　　＜検印省略＞

ISBN 4-7620-1600-4
©2006 YOSHIZAWA Masahiro Printed in Japan